オンデザインの実験

人が集まる場の観察を続けて

西田 司＋オンデザイン

TOTO
建築叢書

装幀　中島英樹

はじめに

オンデザインの実験に寄せて

僕たちにとって設計対象は、建築物や都市にとどまらず、設計する環境やプロセスそのものに及んでいる。最近、「何をやりたいんですか？」と聞かれることが多くなった。もちろん、場面によって回答は違うのだけど。

実際何をやりたいのか、自分でもよく分からずはぐらかしてしまうことが多い。相手が何を期待しているのかをついつい考えてしまうからだ。大学から建築を始めて、すでに20年以上が経過した。僕の父も建築家で、小さい頃から建築を見ることが旅行の行程などに組み込まれており、知らないうちに建築を眺めたり感じたりすることが日常になっていた。父は現在70歳で、父が建築を学んだ50年前は、日本は高度成長期にあたり、建築をつくることや、街ができること（ニュータウンと呼ばれていた）が当たり前で希望の時代であった。当時人口は、まだ1億人に届かず、平均寿命も70歳くらいで人口ピラミッドも20歳前後が一番多かった。現代と比べると、社会が前向きに建築を捉えていた時代だ（ここ数年、大学に呼ばれて講評会やレクチャーに参加することが多いが、つくることへの自信のなさを感じることが多い。つくる理由を常に考えなければならない現代の学生には、〈つくること＝希望〉であった当時の日本の状況を体験させたい）。

そんな〈つくること〉に常に前向きな時代を生きてきた父の影響で、僕は建築をつくることに一切の疑問などもたず、建築家という道を選び現在に至る。

ただ建築家になった今も、つくることが常にゴールかといえば、そんなことはない。20年以上建築をやってきて、仕事で何をつくりたいかと自問自答すると、これまた本当に難しい。少なくとも分かることは、現代は建築をつくれば、住む場所が確保できたり、施設やサービスをつくれば教育や文化や医療が充足するという時代ではない。いわば建築をつくることは、目的にならないのだ。そうすると、建築を職業としている身としては、何を軸につくり続けると良いかが、甚だ不安である。まわりを見るとつくる理由は常に変化し、つくる行為と建築は常に同居しているが、その意味や価値は、建築家側ではなく、社会の側でゆらゆら変わり続けている。そんな時代に建築をつくる意味を考える本を僕が書くことは、自己矛盾であり不遜だと承知しているが、実は同じ悩みをもつ人は他にもいるのではないかと思い直し、考えていることを文章に紡ぐことにした。これはよくある建築家の思想の集大成の本というより、僕が建築を考える時に引用したり、背景にしたりしている、自分自身のメモを膨らませた本だ。そのため、僕の実感や一次情報によるところが多くを占めているが、本書の中に読者の方々との対話の種が見つかることを願っている。

オンデザイン
使い手の創造力を対話型手法で引き上げ、さまざまなビルディングタイプにおいてオープンでフラットな設計を実践する設計事務所。建築分野におけるコミュニケーションの可能性を探る実践を行っている。

目次

第2章　ケーススタディ

第１章　設計へのアプローチ

1　スタートを共有する

オンデザインについて

僕は実験という言葉が好きだ。少し不確定な感じが自分の興味や思想と合っているからだと思う。オンデザインは僕にとって、いつでも一番気になる実験だ。生物学者の福岡伸一氏（1959年〜）が著書『生物と無生物のあいだ』の中で「生物的な安定は、常に変化し続けることだ」と書かれていたのを真に受けて、事務所というものづくりの現場や一緒に働いている仲間で構成された共同体を、毎年少しずつ変化させている。これまでの最大の改革は、トップダウンから共同設計へ

岡安さんセレクトの
防水性能のある照明
仕切られすぎない
良い距離感を保ってくれる
安東さんの防水カーテン
一息つきたい時は
アートテックスの
オープンキッチンで
コーヒータイム
打ち合わせゾーンには
座り心地抜群の
RUCA CHAIR
MEETING ZONE
横浜の好きな場所で小柴さん
にと撮っていただいた写真に
それぞれのワークスタイルが
書き込まれたポートレートが
エントランスの顔

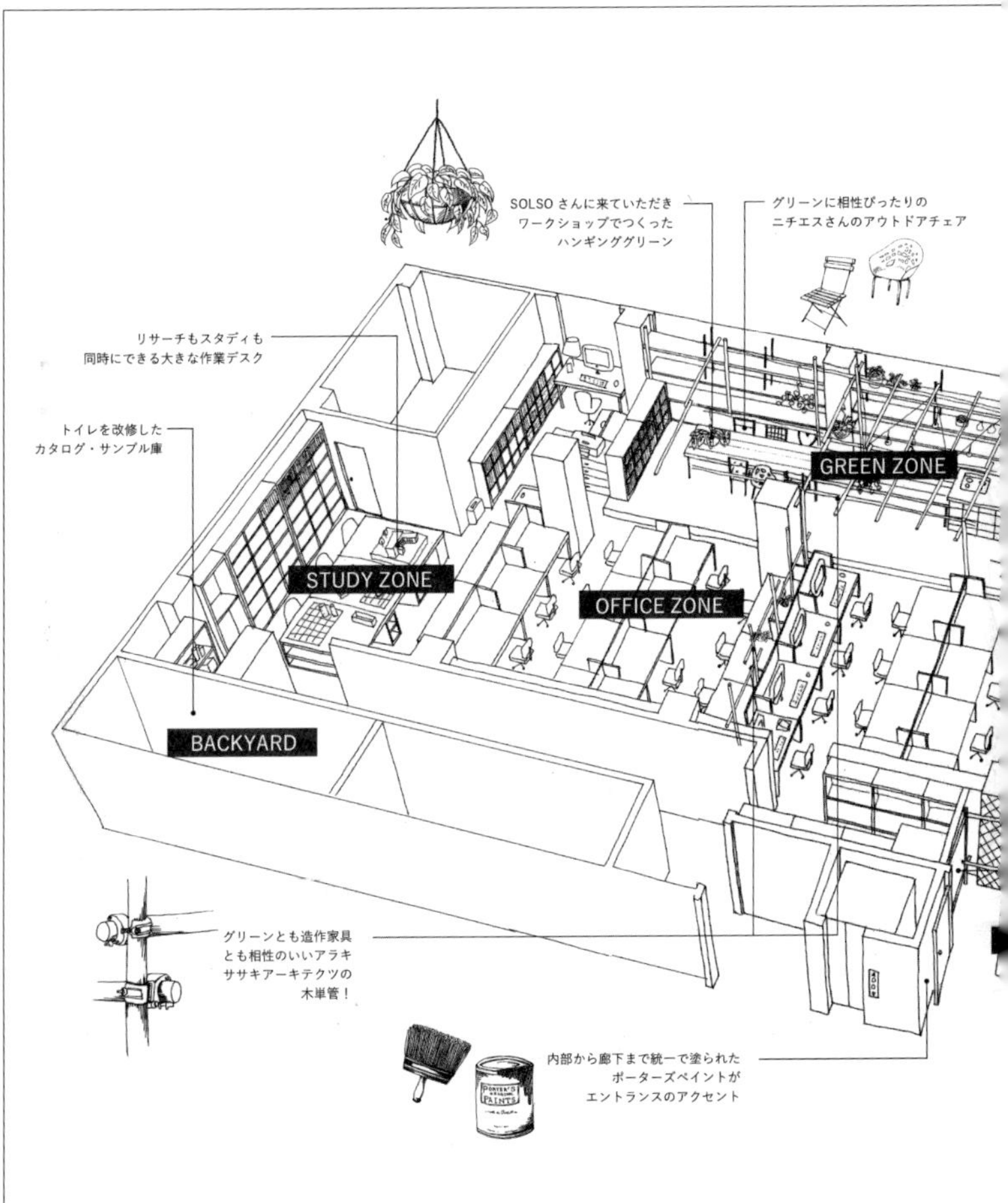

図1-1　2017年夏に引越した新オフィスの間取りスケッチ　執務空間のコンパクト化を図り、打ち合わせ（キッチン、グリーン含む）スペースを充実させて、植物を育てながら働いたり、休憩時にはコーヒーを淹れたり、働くスタイルも実験している

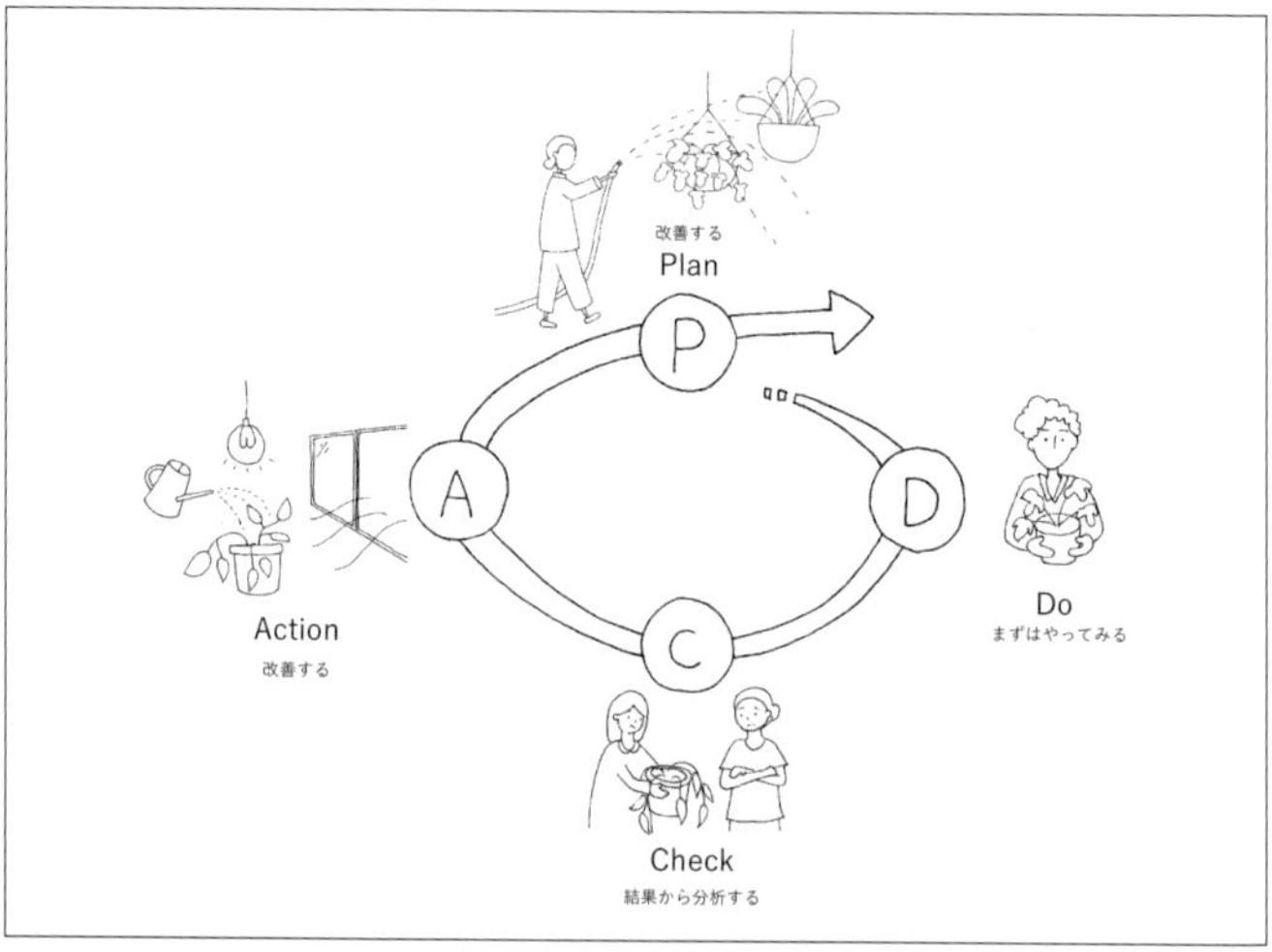

図 1-2　DCAP サイクルダイアグラム

のシフトだと思うが、それにより、ゴール共有型のつくり方からスタート共有型のつくり方に変化した。トップダウンというのは、従来の設計事務所やデザイン事務所が多く採用している方式で、ボスがコンセプトを考え、スケッチを描き、それをスタッフが肉付けして仕上げていく。ゴールイメージを描くのはボスの仕事で、スタッフは破綻なく全体を調整したり、フィニッシュを美しくすることに尽力する。共同設計は、それの対極にあり、僕はスケッチ（ゴールイメージ）やアイデアをもたずにチームに帯同する。スタートから、向かう方向やプロジェクトの枠組み、前提条件、チームメンバーのキャラクターだけを把握し、とりあえず前に進み始める。この不確定さがポイントだ。不確定さには、不安と魅力の双方があり、何が起こるか分からない感覚（何も起こら

図1-3　積み上げ設計ダイアグラム

ないかもしれない不安）が気持ちを張り詰めたものにするが、一方で、新しい考え方や発見に敏感になる。とりあえずやってみて（苦労も多いが）、検証して、効果を計り、改善して計画に落とし込む（ＰＤＣＡのサイクルから、最初のＰを最後にもっていき、ＤＣＡＰと描く感覚だ）。このやり方に慣れてくると、常にスタートの時点で先が見えないことがモチベーションになってくる。共同で設計しているスタッフも同様で、以前は僕の顔色をうかがっていたが、慣れてくると僕には答えがないことが分かり、自分で主体的に考え、さまざまな切り口からアイデアを紡ぐ意識をもち始める。同時に僕とスタッフの案のデベロップ方法も変わり、コンセプトに合ったものをいくつかつくり、そこから選択する方式から、常に発見や気づきを足していき案を変化させながら積み上げていく方式になった。案をもち寄りそこから選ぶ選択式でやると、いくつアイデアがあっても、結局のところひとつを採用するにとどまるが（3人がアイデアをもち寄っても、1＋1＋1が、1にしかならないが）、フラットに良いところを取り込んでいく積み上げ式でやると、いくつかアイデアが集まれば、互いが良いと思うところを結びつけ、新しい価値にハイブリッドさせていく意識になる（例えるなら、自分で投げた球が、思った方向と異なる角度に反射し、それでも前に向かう感覚。1＋1＋1が、積み上げると4にも5にもなる）。もちろん、ある程度は互いの思考の癖が分かっている状態でやらないと、そもそも言語が通じないみたいなことが起こるので、スタッフ間の相互認識やお互いのリスペクトが大切だ。

多様性のデザイン

このやり方においては、年齢やキャリア、受けてきた教育など、まったく異なる人同士でチームを組むことが、価値になる。ダイバーシティ（多様さの同居）という言葉が2000年代に入ってからよく使われるようになっているが、不確定さと同時に、多様さに対しても、僕は興味がある。そして、多様さが生み出す価値について設計の中で考えている。異なる価値や思考が共存することから何ができるのか？　設計がひとつのゴールに向かってさまざまな価値を掛け合わせることだとすると、そのプロセスは常に多様さを同居させ得るのか？　そこから新しい価値は生まれるのか？　最近感じていることは、ダイバーシティ自体に価値があるのではなく、意識すべきことは、その多様な主体から始まる掛け合わせ（ハイブリッド）や価値交換から新しいアクションや新しい考え方を生み出すことだ。例えば、建築をやっていると、あらゆるキャラクターが共生する場を考えることになる（お年寄りと若者、日本人と外国人、男性と女性、ハンディキャップの有無など）。共生がダイバーシティの価値なのではなく、共生して各々が存在する時に多様な目線をもって空間を見ることこそが価値になる。その寛容さを設計する側がもち得るかどうかは、実は設計者自身が異なる価値観と向きあった際に、その価値観と共存できるかどうかにあると思っている。

そもそも建築家は、都市から建築、そして人の暮らしまでをも網羅的に扱う職能である。その建築家がマスタープランナー的に自分を位置付けると、その人が良いと思うものの枠の中でしかプロジェクトの価値が向上しない。これは教育の影響も大いにあると思うが、設計教育の現場で、どの提案が一番かを競う場面によく出合う。競争し、切磋琢磨することは、とても良いことだと思うが、指導者である建築家の好みや考えが絶対的な価値になることがあり、学生にとっては時折、この仕組みが弊害になることがある。現代の建築をつくる価値はもっと多様で、社会の中で建築家の設計対象は時と場合に応じて変化するものだと思うが、教育現場で話されている建築言語は、意外に僕が学生だった20年前とほぼ同じだったりする。建築家が都市や社会の牽引役だった時代（丹下健三

（1913〜2005年）や磯崎新（1931年〜）、アーキグラム[注1]やメタボリズム[注2]のように都市のイメージを言説やスケッチで喚起し、絶対的なマスタープランナーだった近代）を引きずっていると感じることがある。今の時代、それは歴史でしかなく、ニュータウンやCBD（中心市街地）など、近代につくられた都市計画が、時代の変化に対し多様性や弾力性に欠け、世代の集中による同時高齢化や、商店街をはじめとする中心部の閉塞を起こしている状況を見ると、限定的な価値観でつくられた都市や建築の息苦しさを僕は感じる。疲弊した中心市街地を改善するための案件に関わることも多いが、そこで見る街の中心は、以前は活気のあった時代の姿である。単一の思想や全国均一の価値観でつくる手法を見直す時期だと感じている。

僕は以前、それに近い経験を自身の設計でしている。僕がまだトップダウンで設計をしていた頃、ある住宅の設計の最中に、別の物件で上手くいった手法を無意識に模倣している自分がいることに気づいた。経験による学習でもあるのだが、そのデザインの決定プロセスが、非常に閉じた意思決定だと感じた。言い換えるとエンジニアリング的とも言えるのだが、技術を積み重ね、常に精度を上げていくことを良しとし、その先に新しい地平が広がっているという感覚を、その時になぜかもてなかった。思い返すと、住宅という個々に異なる暮らしを描いている施主に対応していたからだと思うが、僕が無意識に成功体験を自己模倣してしまうのは人間として仕方ないことで、それが自分の好みなのではないかと思うに至った。しかし、自分の好みだと分かると、急速に興味がなくなった。〈好み〉が自分自身に見えない枠を設定してしまっていると感じ、もう少し広がりをもたせたいと思い、意思決定のオープン化＝共同設計に至った。一人ひとり、一敷地一敷地に応じて、まったく異なる解法がある（正解がない）のが住宅設計の面白さであり、難しさだと思っているが、建築の知識や経験がある程度の量を超えると、ついつい自分の好み（経験上の成功）を気づかず採用し提案していくのだと。それが技術的な側面（断熱や防水や構造など）であれば、もちろん専門家として必要なことだが、それを超えて空間に現れるすべてのもの（個人のライフスタイルに起因することや個人の趣味嗜好や使い方に関わること）を、僕の好みでコントロールするのは違うと思った。若い頃は施主から学ぶことが多く、キッチンの使い方ひとつをとっても施主から教えてもらいながらデザインしていた。意外にその姿勢が大切で、いくら僕自身が知識や経験を積み上げても、新しい施主と仕事をすれば常に異なるライフスタイルに出合うし、社会や時代の機運や変化で世代やライフスタイルごとに生活の器そのものの価値は変わるものだ。設計者がその違いを楽しみ、その都度同じ目線で受け入れ、自分たちが発見しながら設計することで、人と暮らしの間に生まれる建築に向き合いたい。

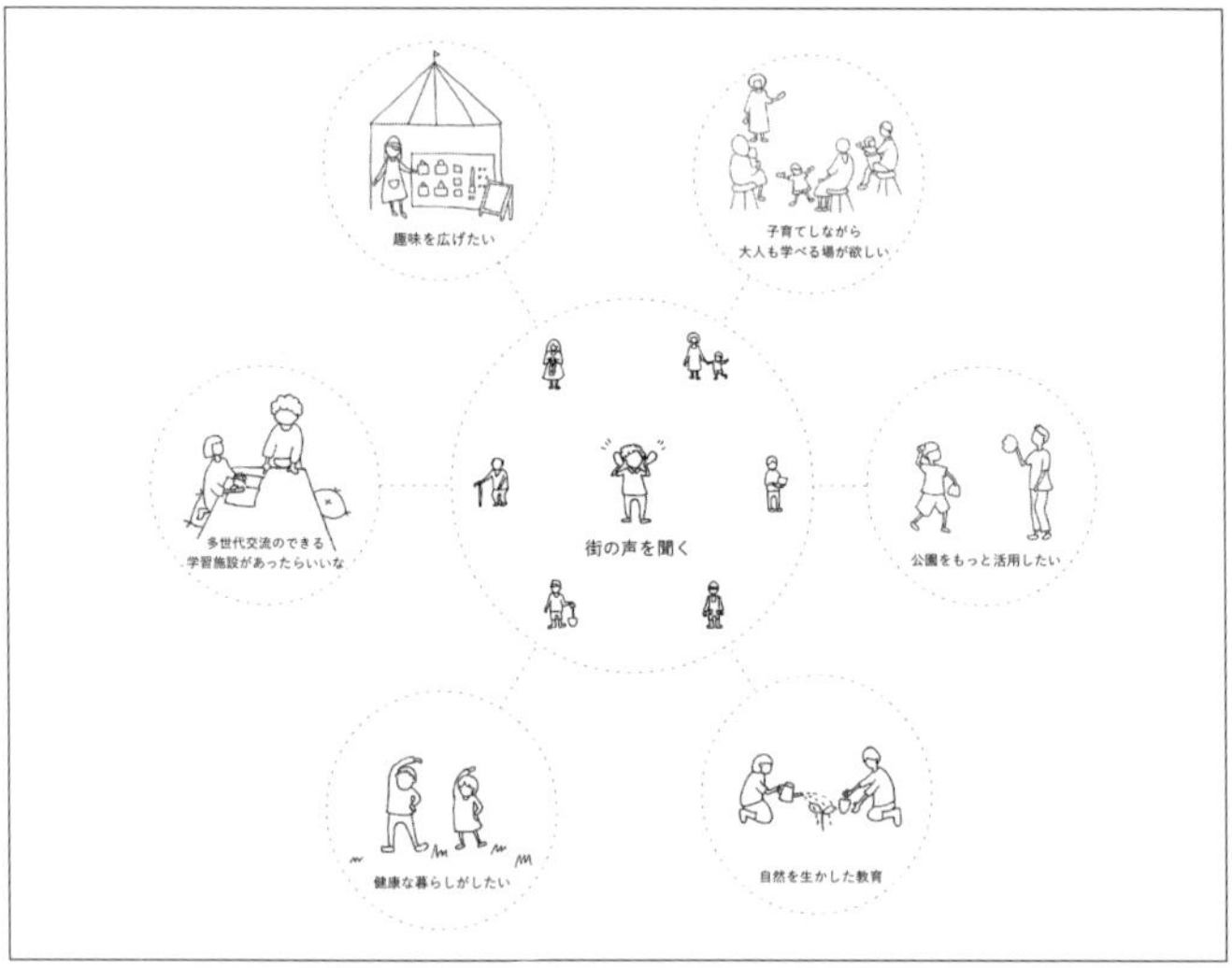

図 1-4　地域との対話ダイアグラム

新しい公共のデザイン

これは実は公共建築にも言えると思う。最近、さまざまな地域で、公共施設が人口減少により余ってしまったり、うまく使われなくなってしまっているという話を聞く。20世紀の公共建築の施設整備計画は、常に敷地の中で箱を整えてきた歴史なので、図書館は図書館、学校は学校、劇場は劇場として計画や技術が成熟してきた。おかげで日本全国どこに行っても、変わらない質が担保されている。そのこと自体は素晴らしいエンジニアリングなのだが、計画通りに性能をいくら確保しても、わずか10年前に何十億も掛けてつくったホールに、現在は一年に一回の成人式くらいしか満席にならないということが現実に起こってくる。公共建築を建てれば地域が活性化し、その後も使ってくれるという時代ではないのだ。用途に対する質を落とさずに箱を上手くつくるだけでは、人が集まる建築にはならない。地域に住むユーザーの日常やコミュニティから、彼らの居場所になり得るかを探り、誰がどう使うかを含め、設計と運用を同時に考えていく必要がある。今まで一般解だった公共施設でさえ、個別解的なアプローチが必要になっていると感じることが多い。地域に入り、地域と対話すれば、そこには新しい建築と居場所が生まれる可能性が多分にある。地域の子育て層と対話する中で、子育てをしながら大人も学べる場が欲しいというニーズがあれば、保育園と図書館のハイブリッドがあるかもしれないし、シニア層の生きがいづくりと健康増進を一体に考えれば、シェアオフィスとスポーツ施設がつながる拠点も想像される。しかし、このような施設がなかなか生まれてこないのは、地域との対話による個別解という一歩に躊躇するからだ。建築家はこれまで積み上げてきた定量的なエンジニアリングに基づく新築や改修（耐震化など）の経験はあっても、地域の価値を考え、探り、つくるという実験的なプロセスは（一人ひとりの生き方や暮らし方という定性的な部分を判断材料にできず、市民の目を気にして）、本当に必要かどうかの検証に時間がかかり過ぎてしまい、リスクを払拭できずなかなか前に進まないのだ。一方、行政職員は地域のことや市民のことを一番近くで見ているからこそ、地域課題の専門家であり、彼らの目の前にはニーズがある。公平さを指標とする公共性だけではなく、ユーザー価値につながる公益性を考えてアプローチしていくことが、その地域に求められるビルディングタイプの発見につながるだろう。そのプロセスを設計者として共有したいと考えている。

ちなみに蛇足だが、このような新しい価値や可能性を育む施設が設計されないのは、設計報酬の仕組みにも起因していると感じることが多い。設計事務所は、同じ類型の仕事を多くやればやるほど実績が増し、その信用によりさらに同種の新しい仕事を得るというサイクルがあり、積み重ねたキャリアが次の仕事につながるビジネスモデルである。報酬額を決める国土交通省の算定式があるのだが、それは用途と面積がパラメーターで、従事する人の数が定められている（人数に単価を掛けると報酬になる）。そうなると、事務所の利益を上げようと思うと、同種の仕事で新しいチャレンジをせずに、省力設計する方が得なのだ。新しい取り組みは、当たり前だが多くのトライが必要でその分エラーもあり、算定式より人数は多く掛かり、トライをすればする分だけ赤字になるので、敬遠される。ここに設計業界における新しいブレイクスルーが起こりにくいアキレス腱があると感じる。しかし、それでもトライをせずにいられないのは、人と建築の関係性を探りたいという僕らの好奇心であり（そんな仕事ばかりしていると、その種の仕事が集まってくるようになるのだが……）、そのトライアンドエラーを積み重ねた経験からしか、新しい公共建築や場を考え実践していく組織にはなれないと思うからだ。

2　時間軸をデザインする

街がもつ寛容性

僕が好きな建築家に、ヤン・ゲール（１９３６年〜）というデンマークの公共空間をデザインしている人がいる。彼は25年かけてコペンハーゲンの中心部の道路空間を、車中心から人中心へと変換させた。彼の提案によって〈ストロイエ〉と呼ばれるストリートであり公園でもある場所は、子供や家族連れ、お年寄りや観光客など、車移動をしない交通弱者に、街中の居場所として開放された。そこから徐々に範囲を広げていき、今では都市空間全体が、人間中心に考えられたものとなっている。結果として、コペンハーゲンは、多種多様な人に自分の居場所がある都市と認められ、ＥＵ圏の住みたい街ランキングの上位に挙げられている。ヤン・ゲールのアクションは初めは小さな思いからで、それをわずか25年で都市の価値を変えるまでに至っている。スモールスタートでも続けることで街を変えていける、勇気をもらえるエピソードだ。

２０１１年に東日本大震災が発生した後、僕らは石巻市に関わるようになり、地元の若手有志とともに街づくり会社（ISHINOMAKI2.0＝石巻２・０）を立ち上げた。被災前の石巻は、中心部がシャッター街になっており、地元の人もほとんど寄りつかない場所だったが、震災後から1年の間に15万人以上がボランティアのために来街した。その当時は街を歩けば、老若男女、国籍も問

空き地に屋台を集合させて、人の集まる場所に変換した「橋通りコモン」

中高校生がITを楽しく学ぶ「イトナブ」

空きテナントを憩いの場にした「まちの本棚」

元ガレージを改修した石巻2.0の拠点

図1-5 「石巻2.0」での実践

わず、常に人と出会い、街角では会話が起こった。これまでには見られなかった一種異様な光景は、見方を変えると、望んでいてもなかなか実現できないような活気あふれる街の姿だった。僕たちは、そのような状況がひとつでもふたつでも10年後に残り続けるように復興期の街を観察し、人が集まる価値が生まれるように、分野を問わず、ひたすら種をまき続けた。同時期に他の建築家が復興住宅の設計や被災した公共施設の提案を行っている中、設計事務所だというのにもかかわらず図面やスケッチを一枚も描かず、ただひたすら関わる人の話を聞き、街への愛着や、街への期待に関わる情報を収集した。地元住民も来街者もフラットに、その一人ひとりにとって、ここに何があれば街に継続的に関わり続けることができ、自分の居場所をもてるのかを考えていた。集めたアイデアや新しい動きは、可能な範囲でジャンルを問わずサポートし、見切り発車でもどんどん実践していった。例えば、空き店舗を活用して、シェアオフィスをスタートしたり、民宿を開いたり、本を置いたコミュニティスペースをつくったり、高校生の放課後学校を始めたり、空き地で映画を上映したり、商店街を舞台に〈キッザニア〉[注3]のような職業体験を実施したりと、仮設的にであっても具現化することを優先させた。「石巻2・0」では、ほかにもＩＴを学ぶための中高生が集うラボや、朝カフェ、ものづくりの工房や、屋台村のような青空ダイニングなど、街にさまざまな種類の人が集まる状況をつくり、何が必要なのかを身体的に理解していった。それはこれまで商店街になかった機能ばかりであったが、街に新しい使い方を付加することで、商店街を利用していなかったコミュニティにも街を開いていくアクションだった。きっかけの一つひとつは小さいけれど、未来に向けた意志をもって始めた動きが集まっていくと、そこには街を変えてゆく波及力のあるリアルな場がどんどん生まれていく。多様性をもった新しい主体と、昔からの風景とのハイブリッドで生まれた復興の実践は、新しいコミュニティが共存できる寛容さを実感する機会となった。僕はこの経験を得て、現代の街はひとつの大きな中心ではなく、さまざまな関わりやネットワークから生まれる多中心である方が豊かだと考えるようになった。

インプット

石巻で小さなアクションを積み重ね、街に小さな中心をつくり育てていくプロセスから得た学びは、オンデザインの設計プロセスにも大きく影響を与えている。ゴールイメージをもたずに設計を始めて、パスを回していくように設計を積み重ねていく中で、設計者も施主も関係者もなるべくフラットに参加し、そこにどれだけリアリティを重ねられるかが重要だと思う。共同設計をやってみると分かることだが、誰かひとりだけが良いと思うことはたいてい個人の趣味嗜好でしかないが、ふたり、3人と理解し前進できることには、社会のリアリティにつながることが多い。その先に可能性があると感じ、フワフワした状態でも一緒に前に進めることは、暗闇を進む感覚と近しいが、それによりチームの結束力は増し、発見や気づきが生まれるプロセスは楽しい。互いの気づきを尊重し、各々のインプットを共有し、ふたり、または3人の個別のインプットが共有されていくと、プロジェクトを動かす大きな波に変わっていく。設計は、新たな価値に出合う旅のようなもので、もちろん発見の多くはプロジェクト固有の事象であるが、後で見返すと、現代建築の問題や、意外と生き方や働き方など社会や地域の問題につながることも多い。それは設計と日常のインプットが地続きであることにも通じている。

日常化する

インプットの日常化として、石巻の復興過程で協働しているGoogleの取り組みを参照した。Googleは社内に〈20 percent time〉という制度があり、社員が勤務時間の20%を自分の気になるプロジェクトの研究や開発に割くことを推奨している。通常業務の時間内では、どうしても効率や締切りを気にしてしまい、なおざりになりがちなこと、例えば、リサーチしたり、マーケット開発したり、ネットワークを築くインプットなどの活動を推奨することで、多くの新しいサービスが生まれていることでも知られる。Googleは、石巻に来る際も復興初期からこの制度を活用しチャレンジングなさまざまな取り組みにつなげていた。その効果を羨望していたので、2017年の春からこの20%ルールをオンデザインでも取り込んだ（「自由研究」と呼んでいる）。まだインプットの効果は分からないが、一人ひとりが主体として動き出し、自身でプロセスを組み立てるからこそ、そこにあるリアルが新しい血肉となり、さらに、その経験やネットワークが個人の強みとなり、結果として社内のプロジェクトにも波及すると考えている。自分を振り返ると、建築の内外でコラボレーションしている専門家や仲間と出会ったのは、20~30代が一番多く、当時いろいろな悩みや考えていることをぶつけ合っていたことが、時間が経った後に花開いていることも多く、関係も継続している。事務所のこれからを俯瞰してみると、オンデザインのチャンネルが僕のチャンネルだけになってしまうことはリスクで、僕の加齢とともに、若い研究者や専門家など他分野と新たにコラボする機会が先細っていくことは容易に想像できる。悪夢のような話だが、街の公共空間を若者向けに新しく考えている提案チームが全員50~60代という未来が実はすぐにやってくると頭をよぎり、思い立って実験的に始めてみたわけだ。

ものづくりの関係

これまで数多く協働しているプロジェクト・デザイナーの古田秘馬《ひま》氏は、よく「行動するのはコンセプト、継続するのはコンテンツ」と言う。まさに名言だと思う。動き始める時や、つくり始める時には、思想的な共有が必要で、それを日常化する際には、ハードとしての環境やソフトとしての具体化のクオリティが必要だと説く。建築の設計も同義で、空間の居心地やスケール、素材のディテールなど、目に入り手に触れる場所こそが、日常を豊かにする力になり、その前提として、その場所を知ってもらったり、人が集まるためには、思想的な共有が力をもつ。オンデザインで設計環境や設計プロセスを考える際にも、その考え方を応用している。プロジェクトをスタートする時に、特にルールはないが、なぜ自分たちがそのプロジェクトに呼ばれたのかを考えるところから始めるようにしている。住宅であれば、住まいや家に対して、どんな価値をもち込もうとしているのか。施設であれば、誰がユーザーで、その人たちが心地良さを感じる実感をもつ事象とは何かという議論をして、そこから必要な居場所や押さえるべき機能、周辺との関係を紡いでいく。依頼時には、ふわふわした思いや抽象的な言葉だったプロジェクトが、僕らが加わることで、実現可能なスケールをもち、関わるメンバー一人ひとりにとって身近な存在になっていくこと＝知恵を出し合える関係になることを大切にしている。

ものづくりの環境

最近、事務所の環境に関しても実験を始めた。イギリスの心理学者で組織心理学の分野で有名なカーリー・クーパー氏（１９４０〜）が〈バイオフィリックデザイン〉という言葉で表現しているが、緑や自然光があるオフィスと、そうではないオフィスを比較すると、生産性で６％、創造性で15％の差が生まれ、緑や自然光がある空間に人間が良い影響を受けるというデータがある。これまではオフィスに行っても、ただ自分の机があるだけで、空間から受ける影響がほぼなかった（も

図 1-6　オンデザインみどり　SOLSO FARM のチームとコラボレーションしたグリーンエリア
毎朝植物の状態を確認しながら水やりの量をスタッフが調節している

ちろん、組織のメンバーと会え、直接話せるという関係性は可視化されているが）しかし、今後働く場所に求めるものが変わっていくことが予想され、何より一日の中で一番長く過ごす場所であるという側面を考えると、働く場所にこそ、豊かさを享受できる空間的な価値を構想していくべき時代だと感じている。そこでバイオフィリックデザインのグリーンを取り込むことを、まず自分たちの事務所で実験してみようと、〈SOLSO FARM〉[注4]の齋藤氏に協力を依頼しグリーンビルディングを試し始めた。古いビルだったので、水やりをした際に下階に水漏れを起こさないよう床に防水をかけ、さまざまな種類の植物をハンギンググリーンとして、70鉢ほど天井から吊ってみた。室内に自然と共存する環境をつくり、日々、水の量や窓からの光の量を植物ごとに調整しながらメンテナンスのデータを取っていると（グリーンと共生と言う時に、実際はどのくらい大変か知ることで）、維持管理の融通性をデザインに結びつけられると良いということを実体験で知る。実際に自分たちの生産性や創造性がどこまで上がっているかは、なかなか計測しにくいが（むしろ、始めた頃より水やりの手間の分だけ仕事の効率が落ちている気もするが）、事務所の日常に自然に触れる時間が生まれ、古いビルの時間軸と生きているグリーンの時間軸が重なっている風景からは、この場所でしか生まれない相乗効果があると期待できる。

模型が進化していく

僕らの事務所がつくる模型が雑誌などに取り上げられることが多く、この模型のつくり方を学びにインターンが来ることも多くなった。模型はどこの事務所でもつくるのは日常だが、僕らが気をつけているのは、人型のモデルを入れないで、さもそこに人がいるような空気をつくることだ。模型のスケールは施設規模によって異なるが、特に住居などでは、1／20や1／30のような生活空間がよく見えるサイズで模型をつくることが多い。それによりハードとしての建築の価値を伝えることはもちろん、自分の生活がどんなサイズでそこに投影されるかを理解することができる（施主がもっている家具などをリサーチして模型に反映すると、より現在の生活との比較になり理解が深まる）。住み手の生活は、新しい建物と一緒に新生活が始まるものと思われがちだが、生活の癖や、日

図 1-7　模型写真　オンデザインの模型は、図面を立ち上げて確認することに加えて、そこでのアクティビティも同時にスタディする

常の動きは、実際は変わらない（もちろん意識して、仕事や友人、生活そのもののライフサイクルをすべてリセットすれば変わるが、ほとんどの場合は日常の動きは継承する）。そのため僕は、建築はその流れに良い意味で乗りつつ、邪魔をしない程度に、新たな風景や、新たな環境を与えられればと考えている。逆に言えば、使い手が生きる上での生活の基盤を理解し、生活のリズムを加速させるように、設計をしている。模型はその舞台セットのようなものだ。事務所で模型を見ていて飽きないのは、生き方の事例を見ているような側面があり、建築の楽しさ、空間のアイデアと並列して、生き方のアイデアや土地柄に応じたライフスタイルを同時に内包しているからだと思う。模型は、施主たちの人生を愉しむ姿がトリガーとなりどんどん進化している。

3　場を言語化する（ビルディングタイプの乗り越え方）

建築計画という分野があり、都市にある建築をビルディングタイプ（学校、劇場、住宅……など）に振り分け、それぞれが専門分野としてトライアンドエラーを繰り返し、発展してきた。計画される機能空間の面積や動線、遮音や荷重や耐火、バリアフリーの性能まで、こと細かくデータ化されており、その項目を押さえることで、設計者であれば、ユーザーや管理者が不利益を被らない施設を設計することができるという計画論だ。ただ、この機能や性能がもたらす空間モデルにも、少なからず遊びや余白がある。その余白を交流の場にしたり、別の機能を付加したり、現代の施設設計では、この遊びや余白をどう考えるかで施設の個性（キャラクター）が大きく変わる。また現代は、このビルディングタイプによる専門性の積み重ねが弊害になり、そもそも設計者の考える施設が、ユーザーが求める価値につながっていない場合もある。この章では、僕らのアプローチを振り返り、普段どのように設計の前提条件や枠組みを考えているかを記述したい。

住宅

僕が建築をつくり始めた2000年代初めは、雑誌『カーサブルータス』が創刊されたり、一般誌で建築家と家をつくる特集が組まれたりと、建築家が社会の中で身近な存在になり、個人とし

施主の好きなものを飾る棚が、玄関に大きく吹き抜け空間として立ち上がり、
週末店舗として利用される「FIKA」

料理を仕事にしているクライアントのためのキッチンが中心の「暮らしの彩り」

図1-8　住宅事例

て一番身近な建築である住宅を、建築家に依頼するという空気感が醸成された。言い換えるとそれまでは建築家に家の設計を頼む層は限られていたが、その層に属していなかった個人にも建築家への回路が開かれたのだ。同時に、〝先生に設計をしていただく〟という空気をまとっていた建築が、施主個人の思いをフラットにぶつけることにより、一緒につくり上げる楽しさを感じる対象にシフトした。僕はこの社会のムードに乗って若手時代を過ごし、経験を培った。当時20代半ばだった僕は先生と呼ばれることもなく、どちらかといえば、意見を言いやすい、相談しやすい対象として施主から認知され、時には人生経験豊富な施主からキッチンや収納など機能的な使い方や動き方を学ぶこともあった。僕たちは建築をつくる過程で、使い方の多様さや面白さを発見し、そこから建築の計画を考えるようになった。この時の経験が、その後のつくり方に大きく影響を与えている。それまでは、ｎＬＤＫという形式を疑うことなく住宅を捉えていた僕たちに、ある施主は、週末にはお店を開きたいと言い、別の施主は、夫婦が別々に過ごせる家にしたいと言い、また別の施主は、都市では体験できない外部と一体となった生活をしたいと言う。生活を想像する自由さは、決して形式ではなく、生きている時間を楽しむ時に、その環境がどうあったらいいか、その空間をどう使えるかで変化し、決して毎回同じ設計にはならない。リビングとかキッチンなどの機能空間としての括りは、必要に応じて出てくる名称でしかないと気づいた。良いリビングとか、良いキッチンというのは、設計者側に正解はなく（決して広さや金額の多寡などという定量的なものではなく）外の土間でも、そこをリビングとして使う生活が豊かな家もあるし、料理を中心に生活のすべてが決まっていく家もある。施主と対話することで、僕の引き出しにはなかった使い方が空間に付与され、設計を通してどこか自分の知らない新しい生き方を実験しているような感覚は、とてもエキサイティングである。

教育施設

実験という言葉から一番遠い存在に思われる教育施設だが、昨今の日本では、教育施設でも実験が求められている。島根県に隠岐諸島という日本海に浮かぶ離島がある。日本列島と竹島とのちょうど中間にあり、日本の中でもかなり辺境の地で、日本の歴史では、後鳥羽上皇が流刑を受け、島流しにされた場所だ。その中の海士町《あまちょう》が、10年ほど前から地方創生のフロントランナーとして脚光を浴びている。日本のどの中山間離島地域よりも、高校生の数が増えているからだ。毎年本土から入学定員の2倍以上の受験者が志願してやってくる。一時は統廃合寸前だった島内の県立高校がV字回復をし、今では、全国各地からひっきりなしに視察が来るようになった。ここには発想の転換があり、自分たちの状況（海に囲まれている、地域産業の衰退、少子高齢化など）は日本の縮図で、課題先行地域だからこそ、海士町で地域課題を自分の問題として考えるケーススタディ型の教育を実践すれば、これからの日本の課題に立ち向かえるリーダーが育成できると考え、高校教育改革を

図1-9　2015年に竣工した海士町の「隠岐国学習センター」 古民家を改修したスペースは、自主学習やセミナーやゼミ形式など多様な学びの場となっている

行っている。そのために、地域にも開かれた学習拠点が必要となり、僕らは町に依頼されてここで町営の学習塾を設計することとなった。ここでは築100年の古い民家を改修した。土間空間を拡張した計画を提案した。土間空間を介して、生徒も地域の住民も、この施設を利用する。いうなれば玄関であり、応接空間であり、ホワイエであり、交流空間なのだが、地域に昔からある石州瓦でできた屋根の下に、大胆に梁や柱が露わになった空間で、学び、集う風景は、都会の学習塾で想像される学習集団とは、まったく違うものとなっている。アクティブラーニングという、学び合い、教え合う学習作法があるが、ここに集まる人同士が、どちらともなく影響を与え合うという日常的な知恵の交換がここではある。地域の人にとって生徒の言葉

は、素人的かつ他所者的なのだが、またそれが新鮮であったりもする。さらに彼らの反応と地域の現在形がつながることから、新しい発見や、面白さがある。このような教育の世界でも、改善と改革が起こっているのだ。驚くべきことは、地域への眼差しや知恵が伝授された生徒が、自ら学校で勉強する意味に気づき始めていることだ。生徒たちは地域の課題や未来に対して自分ができることを増やしていくために、教科書を読み、より深く探求し、その必要に応じて大学に進学するなど、それぞれの目標に向かい始めている。教育施設というと、杓子定規的な考えが強いイメージがあり、学校建築も教科書的に全国均一でつくってきた。教育の本来の意味は、人間に内在する素質や能力を発展させ、これを助長する作用をもたせることとされるが、海士町でまさに現代の寺子屋のようなこの場所の使われ方を通して教育の原点を見た気がした。

高齢者施設

40代になって気づいたことだが、教育施設を設計していると使い手の学生との世代間ギャップを感じることがある。どうにもならない事実として、自分は40代だが使い手は10代という埋められない距離がある。実際、彼らはインターネットが世の中に出てきてから生まれている世代で、物事や環境の捉え方に自分の世代とは異なる感覚がある一方で、高齢者といわれる60代以上の世代が、自分に近い存在になってきている（国連では60歳以上を、WHOでは65歳以上を高齢者というらしい）。この世代と僕との年齢差は、年々縮まってきており、徐々に自分の延長に高齢者施設があることを実感し始めた。

昔は、高齢者施設は高齢になったら考えるというくらいの印象でしかなかったが、徐々に自分ゴト化してくると、高齢者というのは、ある日突然、高齢者というライフスタイルになるのではなく、現在の自分の生活やライフスタイルのままに、年齢だけが重なっていくのだということに気づいた。言い換えると、現在の高齢者施設の計画は、現在の入居者や入居者と同世代の設計者が、若い頃にスタンダードと考えていた生活像を基準に計画されているともいえる（どの施設でも蛍光灯がスタンダードに設置されているのも当時の生活を想像すると容易に合致する）。そう考えると、高齢者施設をつくる際には、その使い手が30〜40代だった時代のライフスタイルを考えると設計可能で、気づけば、もはや僕がここ15年くらいの間に仕事で関わってきた世代が順に高齢者施設の使い手になり始める時代が目前にあるのだ。そこに気づくと、高齢者施設は、施主相手にいろいろ思考し対話しつつ、実験的な感覚で設計している住宅と同じように進めても大丈夫なんだと思い始めた。そこから、俄然興味が湧いてきた。

最近僕の事務所では、中国で高齢者福祉施設の計画が始まった。かつての日本のように経済成長をしている現在の中国において、特筆すべきは20代で家を買い、そのローンを30〜40代で返し終え、その身軽な状態から自分の老後のための老人施設を考える層がターゲットになっている点である。40代で自分の家の延長に老後の暮らしの場を考え始めるとなると、それは別荘を考える感覚に近くなる。友達を呼ぶスペースはどうあるべきか（例えば、中国では娯楽としてトランプが一般的なのでトランプルーム）や、ひとりで趣味を楽しむ部屋の設えや、アウトドアやスポーツを楽しむ庭など、自分らしく過ごす場が大切になってくる（介護福祉的なサービスや医療的なサポートがベースにあるのは前提ではある）。この施設のクライアントは医療系の施設運営者で、僕自身、このプロジェクトを通して発見が多く、ユーザーが自分の将来設計を楽しみながら考えるという面で高齢者施設を捉えると、とてもポジティブな存在であることに気づかされた。日本では高齢者施設を考える際に、本人ではなく家族が主体となって考えることも多く、また自分で生活環境をカスタムすることはほぼなく、既存施設から選ぶのが主流である。すでにあるものからユーザーが選ぶという、まず施設ありきの現状から、ユーザーが自分の生き方に合わせてつくるという生き方主体の施設になっていくと、老後を考えること自体が前向きで、楽しさや新しさを内包した建築につながると感じている。

働く空間

ベストセラーになったロンドン・ビジネススクールのリンダ・グラットン氏の『LIFE SHIFT（ラ

イフ・シフト)』によると、2040年には、先進国の人口の半分ほどが80代まで現役で働く時代が到来するといわれている。確かに振り返ると、少し前(1970年代くらい)は、55歳が定年で、60歳を超えると結構お年寄りのイメージだったが、僕が働き始めた2000年以降は、65歳まで定年は延び、70歳を超えても、現役と遜色なく身体も頭もしっかりしている(70歳を超えた僕の父も、今も現役でオンデザインで働いている)。その延長で考えると、80代で働いている姿もリアリティがあり(受け入れるかどうかは個人差があるが)、僕もこのままいけば、2040年にまだ働いている部類(64歳になるが)に入るのだが、そうなるとちょうど40代に到達した僕らの世代の半数は、50歳が仕事人生の折り返し地点ということになる!! 落ち着いて考えると、20代から60代までの、40年間を仕事人生として考えるのと、20代から80代までの60年間を仕事人生として考えるのでは、まったく異なる人生設計になりそうだ。そういう視点に立つと、もちろんガンガン仕事して、ドシドシ吸収して馬車馬のように働くタームもあっていいが、仕事を少し緩めて、家族や子供との時間を大切にするタームをつくったり、東京のオフィスに通うことが体力的に辛くなれば、自分の家の近くで短時間で集中して仕事をする働き方もあったりするだろう(キャリアステップとして、前半と後半で異なる職業に就くなら、その転換をサポートする出会いや学びの場が都市にもっとあるとよい)。いずれにしても、これまでの都市における働く場やその周辺が、40年間という限られた生産時間の効率性を第一に設計されてきたとすると、その時間が1・5倍になった時に、

シェアオフィス空間に移動式家具などを持ち込んだ「unico」（詳細は2章で紹介）

横浜駅西口の通りを活用した、地域や行政の人たちとのアウトドア会議の様子

図1-10　働く環境

ただ働く時間を延長することにとどまらず、自分がクリエイティブに生きることを実感できる働く場と環境が、都市構造に必要なのではないか。一世代前には、頑張って働くことと、豊かなプライベートをもつことは、別々の尺度で計られていたので、働く空間も生産の効率性（社員数×机＝オフィスの主要な場）だけで考えられていた側面が強いが、今後は、働く場や環境が人生の大半を過ごす場所になるなら、生きている豊かさを実感するような居場所になっていくと良い。それは建築家が設計してきた、住宅や公共空間の居心地の質に近いと考える。

1　1961年に結成し1970年代初頭にかけて活躍したイギリスの前衛建築家集団であり、彼らがロンドンで出版した同名の雑誌のこと。

2　1959年に黒川紀章や菊竹清訓ら日本の若手建築家・都市計画家グループが開始した建築運動。新陳代謝（メタボリズム）からグループの名をとり、社会の変化や人口の成長に合わせて有機的に成長する都市や建築を提案した。

3　1999年からメキシコ、日本、インドネシア、韓国やアラブ首長国連邦など世界中で展開されている、子供向けの職業体験型テーマパークである。Kid＋z＋aniaで「こどもの国」の意。

4　神奈川県川崎市宮前区にあるおしゃれなグリーンショップのこと。植物・ランドスケープデザイン・施工のプロフェッショナル集団。http://solsofarm.com/

第２章　ケーススタディ

ケーススタディ①

MINI LIVING-Do Disturb.

シェア

シェアという言葉が使われるようになって久しい。元来、日本には「お裾分け」という慣習があるので、決して新しい価値観ではないが、インターネットの普及とともに、2000年代から物理的、個人的なものだったシェアを、プラットフォームとしてサービスにしていくというシェアリングエコノミーが発展してきている。現在では、街に出れば、車（uber）[注1]、ホテル（airBnB）[注2]、ワークスペース、シェアハウスと、シェアと呼ばれる対象は枚挙にいとまがない。シェアリングエコノミーの対象には、大きく3つの括りがあり〈個人利用のモノのシェア〉、〈再交換、再利用のシェア〉、〈時間や場所などのニーズを活用したシェア〉に分類される。2009年に竣工したヨコハマアパートメントは、建物の1階に居住者用の大きな共有広場を設けた。当時僕は1年ほど実際に住みながら共有広場の使い方を観察した。シェアは今ほど一般的ではなかったが、入居者が使い方を考えつつ、その場所を思い思いに活用し、時にはアーティストたちが占拠して制作をしたり、また時には書初めや流しそうめんのイベントを皆で開催したり、ある朝起きるとヨガをやっているところに出くわしたりと、その共有空間で起こることに互いに影響を受け、自分ひとりでは到底出会わない事象に遭遇する日常をシェアが生み出してくれていることを実感した。この場合のシェアの対象は空間というハードであるが、効能は空間を共有していることにとどまらず、互いに何かを影響し合う（どこか互いに暮らしの豊かさにつながる発見や自分の成長を促している何かを分け合う）関係でもあるということだ。ここから、僕は〈何をシェアするか〉に対して、空間やモノだけではなく、「一緒に○○を育てたり、影響し合う関係」という体験や時間をシェアすることに意識が向くようになった。

Do Disturb（影響し合う）

2016年のミラノサローネ[注3]で、高密度化が進む世界の都市生活を見直す居住空間の提案として、自動車ブランドのミニ（MINI）[注4]から発表された「MINI LIVING-Do Disturb.」に、僕たちは設計者として参加した。〈Do Disturb〉とは、閉じこもるのではなく、もっとまわりにいる人たちや環境とのコミュニケーションを楽しもうという、生き方の提案だ。今日、日々の生活の質にこだわりをもつ人は海外に目を向けても確実に増えている。しかし一方で、個々人の専有スペースといえば、街の中にたくさんある部屋のひとつになってしまっている。オンデザインが提案したハウスユニットは、部屋↓街というダイレクトな図式ではなく、個人のスペースは小さくても、シェアスペースをつくることによって私、公、共でさまざまなコミュニケーションが段階をもって混ざり

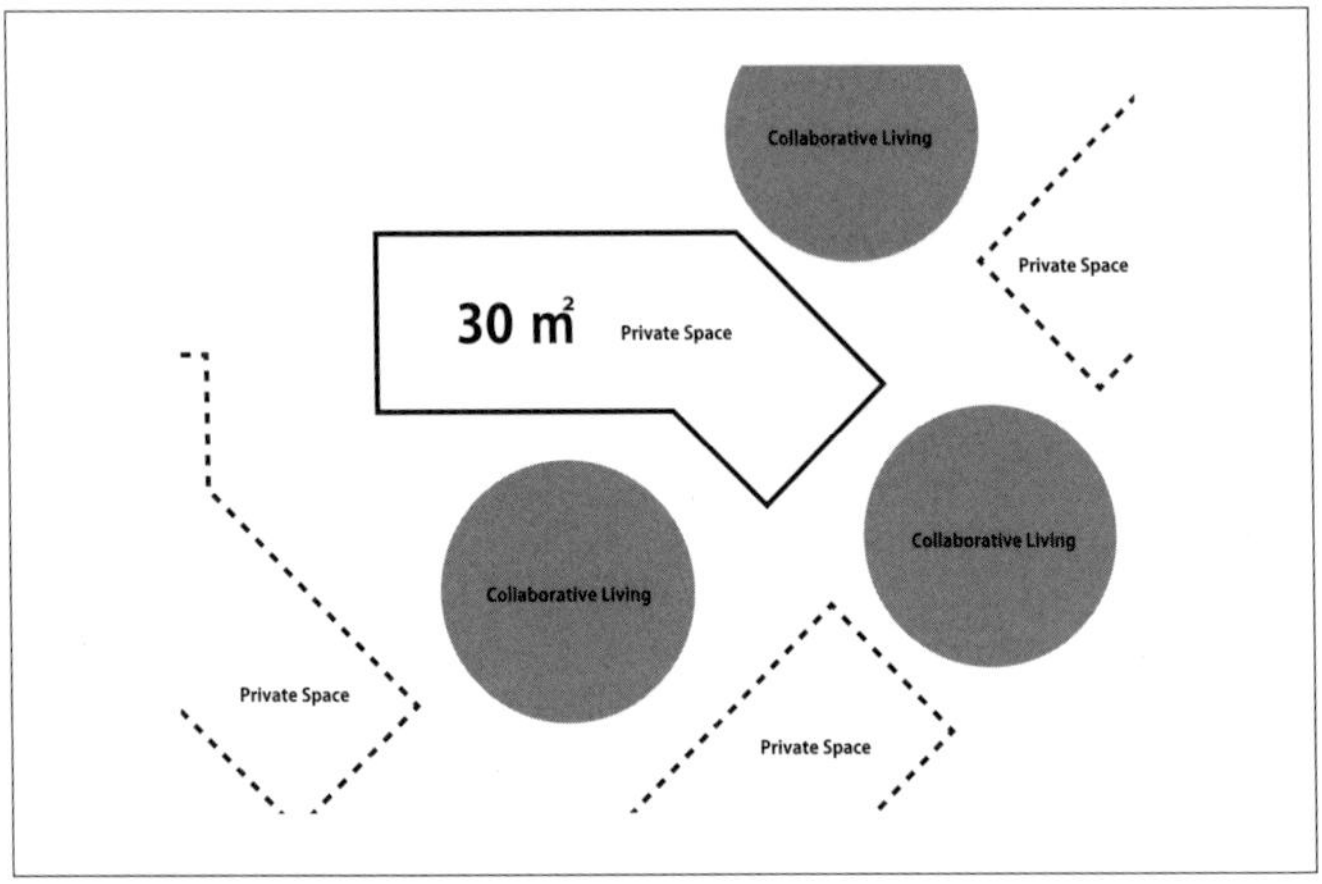

図2-1-1 「MINI LIVING-Do Disturb.」で提案した〈シェアスペースのある生活〉の展示イメージ
ハウスユニットというプライベートスペースと周囲に「コラボレィティブリビング」と呼ぶシェアスペース（隙間）をつくった

合う、都市のような柔軟な生活空間をひとつの理想形とした。

プライベートを開く

〈Do Disturb〉で提案したハウスユニットは、単身者を対象とした30㎡のワンルームで、ハウスユニット間に隙間をもたせつつ集合させることでコラボレーティブ・リビングと呼ぶ新たなシェアスペースをつくる構成となっている。ひとり暮らしの限られたスペースを、より創造的な暮らしが実現できる立体的で厚みのある空間と捉え、それぞれの住戸の壁面には多種多様な機能をもった棚を配置した。棚という〈見せる収納〉は、趣味や仕事の道具などを収納するだけで自分らしい部屋にすることができる。ワンルームにフィットするツールとして、さまざまなライフスタイルを想定

図2-1-3　棚を利用したコミュニケーション　家の外に棚を開き、近所の人同士がお気に入りのものをシェアして楽しむ

図2-1-2　展示内のハウスユニットの壁面に配置した〈見せる収納〉

しながら棚の仕様や素材にもこだわった。もうひとつの特徴は、いくつかの棚はそのまま外に開くことができるようになっていることである。お気に入りのものが詰まった棚を外に開くことで自分の生活範囲を広げることが可能になる仕掛けだ。居住者同士、気が合えばお互いの趣味をシェアすることができる。例えば、コーヒー好きの人がお気に入りのマグカップを持ってきてコーヒーを淹れたり、音楽を趣味にする人がギターで演奏したりと、そこはさまざまな個性をもつ近隣の人びととの出会いが生まれる。すべての棚を開けばホームパーティーができたり、仕事場を開いて隣人と一緒に仕事をしたり、ひとりになりたい時は閉め切ったりと、その時の気分に合わせて活用できる。少し楽観的すぎる形式かもしれないが、気分次第で能動的にプライベートを開き、シェアすること

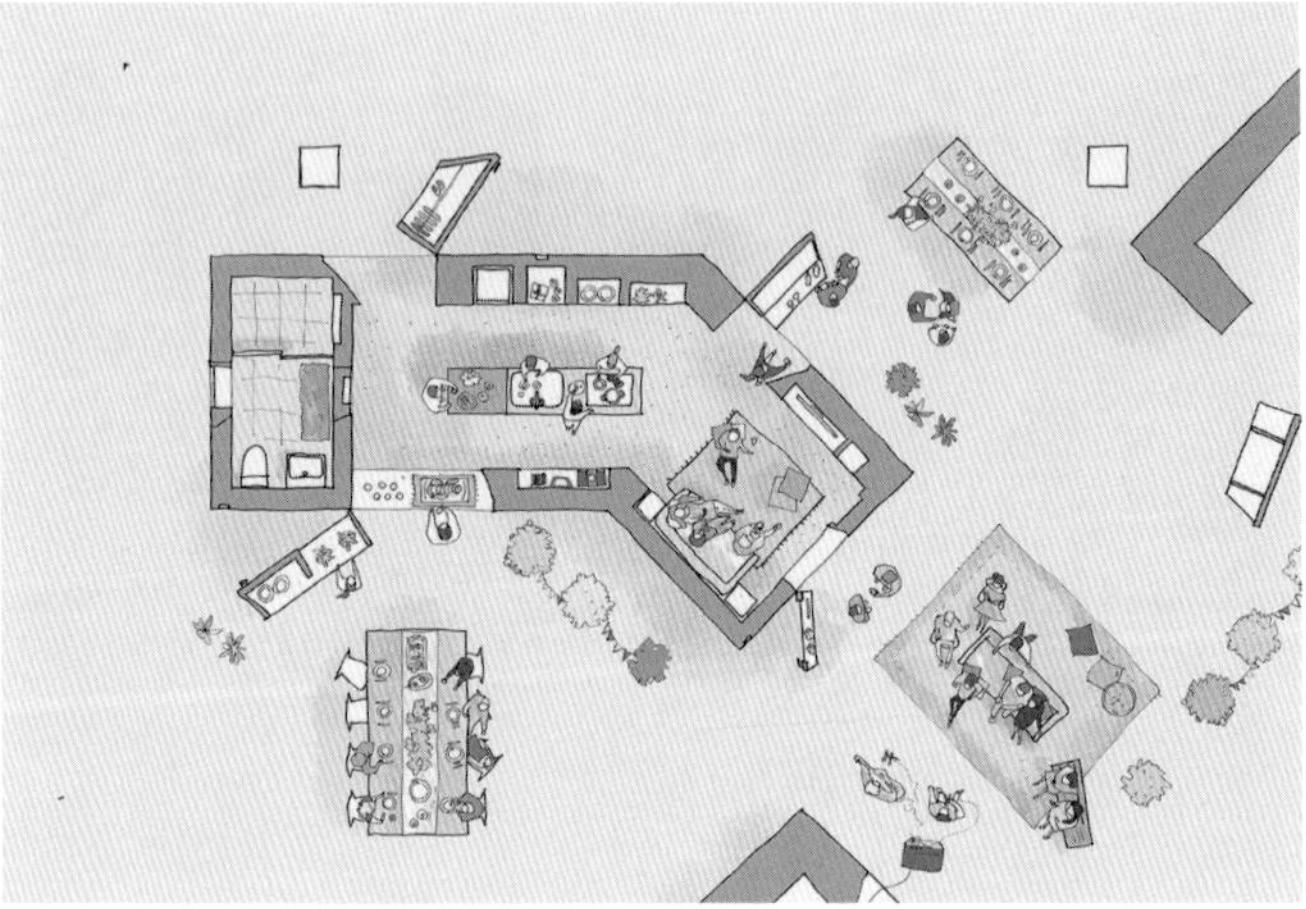

図 2-1-4　ハウスユニット（プライベートスペース）で住人がプライベートな時間を楽しむ

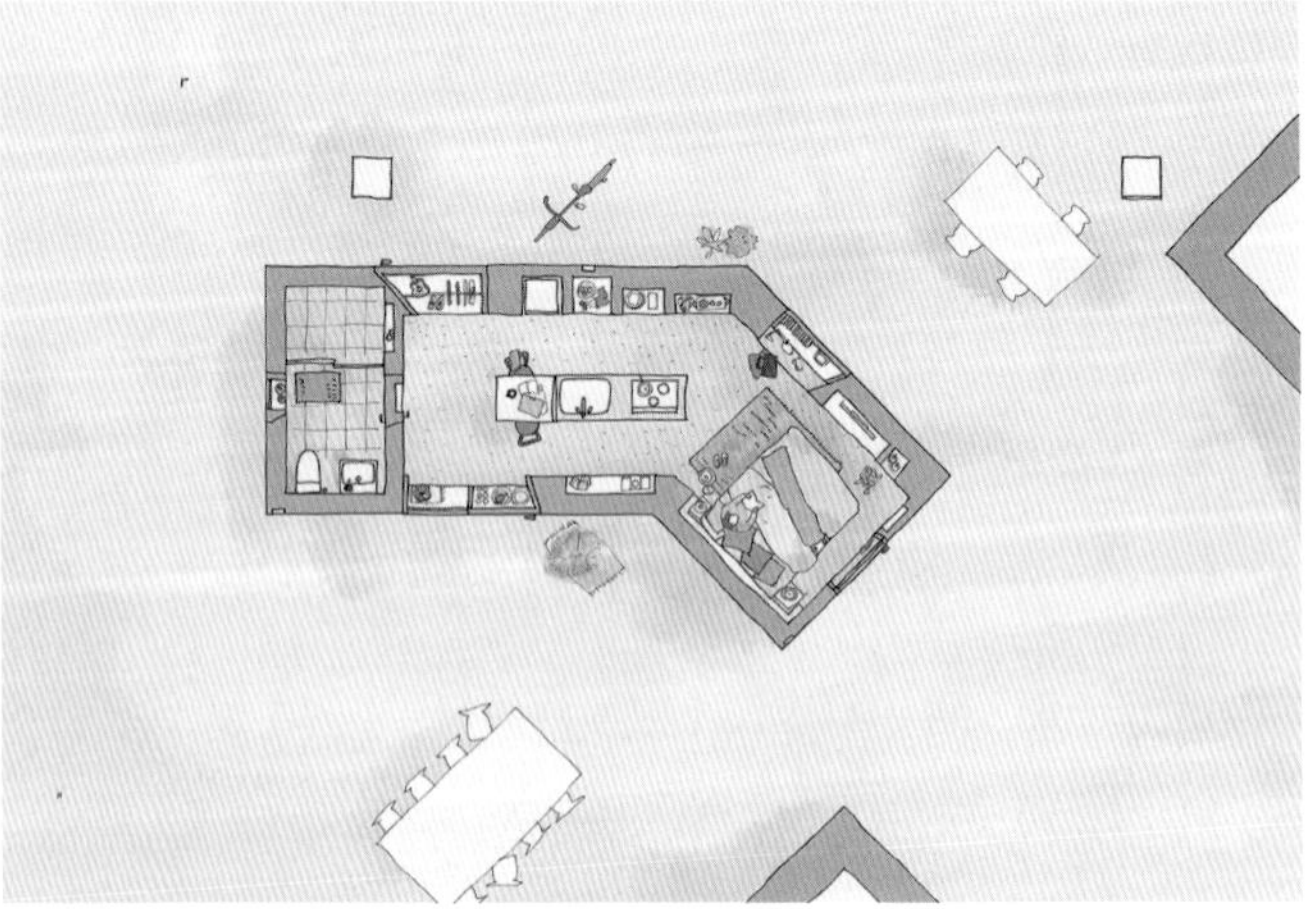

図 2-1-5　コラボレィティブリビングで近所の人同士コミュニケーションを楽しむ

図2-1-6 〈シェアスペースのある生活〉の展示の様子　プライベートスペースとシェアスペースの関係を表現するため、周囲にはフレームで外形だけを表したハウスユニットをいくつか配置している

図2-1-7　プライベートスペース内部　さまざまな素材や使い方の違う棚を配置し、住人の趣味や個性で趣きがでるようにしている

図 2-1-8　ミラノサローネでの展示の様子　来場者は思い思いにくつろぎ、未来の都市生活をイメージしていた

で周囲との関わりを選択し、積極的に隣人や外部の人とコミュニケーションが生まれるシェアスペースのある生活を提案した。

消費する居住から生み出す居住

古い倉庫を貸し切ったミラノサローネの展示では、僕たちが提案したハウスユニットを中心として、まわりに書籍・レコードショップ、フラワーショップ、オーガニックフードショップなどライフスタイルに関わる店が多数出店していた。ハウスユニットの棚に置いてあるものと各ショップで販売しているものがリンクし、訪れた人は自由に歩き回りながら〈Do Disturb〉を楽しんでいた。都市に居住することは豊かさを消費するだけではなく、〈生み出す存在〉であることを実感できる展示となった。ミラノサローネは、メイン会場とは別にブランドの展示が街中に点々と散らばっており、眺めるだけの展示が多い中で、僕たちの展示の体験は街の体験と呼応するものだった。リアルな建築空間として実際に生み出すことで、高密度化する都市の中で〈Do Disturb〉の思想を、考えてもらうきっかけがつくれたのではと感じている。最近では、コミュニティが多様化、細分化してきている一方、隣人とのコミュニケーションは少なくなっているように感じる。アパートやマンションでの生活では、隣にどんな人が住んでいるかを知らないことも多い。自分の好きなものをそのままシェアするシンプルな形式はインスタレーションだからできたことかもしれないが、今回の展示を自分の生活に置き換えて想像を巡らせることで、みんなが個々の暮らしを自由に、より一層楽しむきっかけを提供できていたらと思う。

1　アメリカから始まった自動車配車サービスおよび配車アプリのこと。
2　宿泊施設・民宿を貸し出す人向けのサービスのこと。
3　毎年イタリアのミラノで開催される世界最大級の家具見本市のこと。
4　ドイツの自動車会社、BMWが2001年に設立した自動車ブランドのこと。

ケーススタディ②

観察と試み ～深大寺の一軒家改修～

住宅＝時代を反映する建築

人生の中で、暮らしの拠点（住宅）を見直すタイミングはどんな時だろう。家族が増える時、職場が変わる時、新しいことに挑戦する時、趣味を存分に楽しめる場所が欲しい時……人生のさまざまな局面に寄り添っているのが住宅という建築だ。こうして人間の暮らしと向き合いながら、生き方を映し出すように驚くべきスピードで空間の形式も変化し続けている。

住宅にはおそらく、正解も間違いもない。無数の住宅がそれぞれ抱える、あらゆる空間構成、何より多様な暮らしの有り様がそれを表している。もっぱら、自分が暮らす住まいとなれば、外的なルールや束縛も少なく、マイペースで趣味趣向のまま空間をつくり、使っていくことができる。生き方の分だけ〈住まい〉のかたちは本当にさまざまで、時により自分の状況が変われば変化もするし、まるで人の気分のような、ちょっと気まぐれで、とても自由でおおらかなプログラムだ。

未来に向けて変わり続ける人間の暮らしとともに、住宅は変化していくのだから、僕たち設計者は、住み手との対話から、まだ見ぬ新しい暮らしを受け止める空間を常に模索していくことが必要だと考えている。

図2-2-1　改修前の外観　家の前にはシンボルツリーである百日紅（さるすべり）が見える

継承する家

ここで紹介するのは、ある住宅の改修のプロジェクトである。住まい手（依頼主）は、60歳の女性で、ITセキュリティ／ネットワークの現役研究者である。

依頼主の住まいは、両親が建てた木造2階建ての一軒家で、かつては家族で生活していた140㎡の庭付きの住宅だ。周辺は、同じ規模の一軒家が軒を連ねる閑静な住宅街である。築50年が経過しひとり暮らしとなった今、依頼主にとってこの家は少し大きすぎた。高齢者が多く住むエリアでの今後の生活の不安や、雨漏りが発生したり、地震への対策なども重なって家の更新を考えるタイミングとなっていた。

両親がこだわって建てた一軒家に一歩立ち入ると、〝深み〟や〝味わい〟ともいえる、時間や記憶の蓄積が残っていることを他者の僕でさえ感じることができた。

この家は、これまで何度か改修されたとはいえ傷みも多く、解体して新築する選択肢も大いにあっただろう。それでも、「私の代では引き継ぎたいと思う」と、代々受け継がれてきた家を継承したいという思いから、建て替えるのではなく、今の生き方を見つめ直した〈住まい〉に改修することとなった。

プライバシー感

プロジェクトのキックオフとなった初めてのミーティングで、依頼主から発せられた「この家で、実験したい！」という心が躍るような言葉と、未来に期待するような笑顔がとても印象に残っている。自分の生き方を見つめ直した結果、実験したい！　という思いは、まさに新しい研究に挑戦し続ける彼女の人生を反映したような生き方を示す言葉だと思った。

ここでいう実験とは、〈プライバシー感〉をどう捉えていくかということ。普段何気なく生活する上で、プライバシーはさまざまな場面で僕たちの行為に関わってくる。

住宅の形式をプライバシーという観点からアプローチしてみると、現在普及する住宅の特徴が見て取れる。家の安全・安心を担保するため、塀や壁を配した閉じて守る形式だ。閉じることで、外部からの視線や侵入を防ぐのが目的だが、果たして生活の様子が見えないことは、本当に安心なの

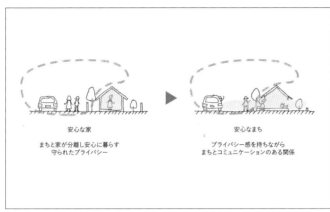

図2-2-2　このプロジェクトで目指したプライバシー感

だろうか。

そんな、〈プライバシー感〉についての議論も交えながら対話を重ねる中で、依頼主の生活の一部も見えてきた。依頼主は仕事柄、家を留守にすることが多く、緊急時に備えて付き合いの長い隣人に合鍵を預けている。顔が見える関係性があるからこそ、心の拠り所となっていたり、家族のような安心感へとつながっているという。このエピソードから分かるのは、プライバシーを少し開き、見守り合うことでセキュリティ性を高める働きにつながっていることだ。閉じて守る従来のセキュリティとまったく逆の、プライバシーを開放する行為は、非常に人間らしいもうひとつのセキュリティといえないだろうか。こうして、プライバシーという不確かに変わり続ける人間の感情を設計対象として、新しい空間や形式を探るこ

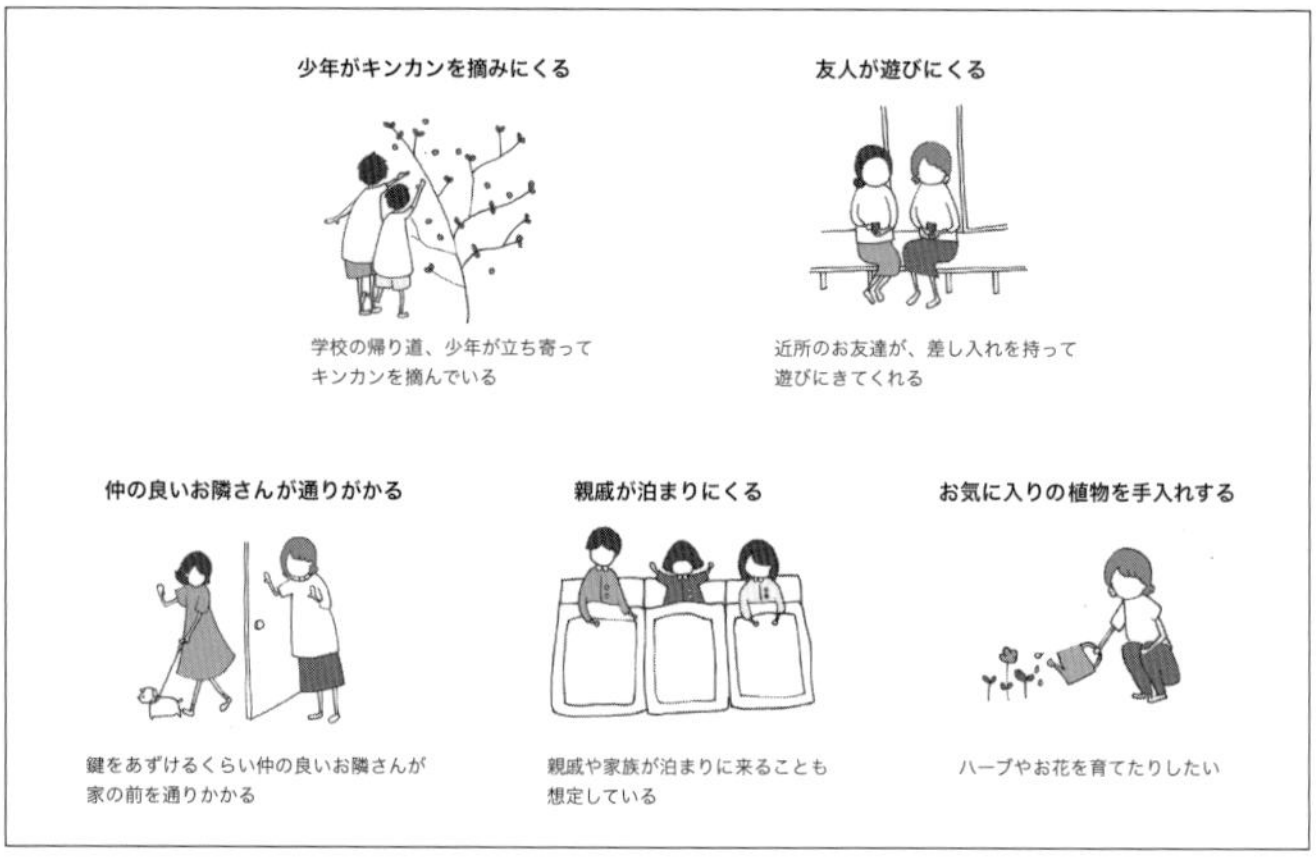

図 2-2-3 「おばあちゃんち」のコミュニケーションイメージ

とになった。

未来のおばあちゃんち

このプロジェクトは「未来のおばあちゃんち」と呼ばれることになる。家を継承することから、楽しい未来の〈まち暮らし〉を描く住まいを考えるプロジェクトだ。

僕が未来の暮らしを妄想する時は、過去の経験や記憶に敬意を払って丁寧に振り返る。時間の積み重ねでしか得られない個人の経験は何にも変えられない大切な財産であると同時に、未来を豊かにするために欠かせない学びであるからだ。

〈おばあちゃんち〉と聞くと、懐かしくて温かみのある生活風景が思い浮かぶ。かつての日本家屋にみられたような、部屋と縁側と庭という、屋内から屋外、敷地の外へとひと続きの空間形式は、人と近所の関係づくりに大きく影響を与えていた。例えば、学校帰りの児童が近所のおばあちゃんちの柿を手にとって、縁側でおしゃべりをする、そんな近所の人との関わりがコミュニティのベースとなっていた。

こうして、〈おばあちゃんち〉に確かにあった、住まいの形式と地域、また人と人のつながりを、将来にもつなげていけるような新しいかたちを描いてみたいと考えた。

観察から設計へ

どのようにして新しいつながりを築くきっかけをつくればよいか。もやもやと考えながら現地を歩いていると、庭や玄関先、生活動線、前面の道路など、家の外側にこの地域での人びとの暮らし方をたくさん発見することができた。日当たりの良いところに置かれたＤＩＹのベンチや、前面道路にはみ出すように伸びるキンカンの木、平板が飛び石のように置かれた生活動線。周辺の住宅も、道路に面して樹木を植え、通りの顔をつくっている。こうした不確定で有機的な外部空間にこそ、暮らしとまちがつながる手掛かりがあるのではないだろうか。家と外の世界をつなぐ〝コミュニティの種〟をどう散りばめようかと、家を含む目一杯の外部環境を敷地と捉えた設計がスタートした。

家の外側の観察から発見されたたくさんの暮らしの工夫の跡に、依頼主から聞く出来事の話を重

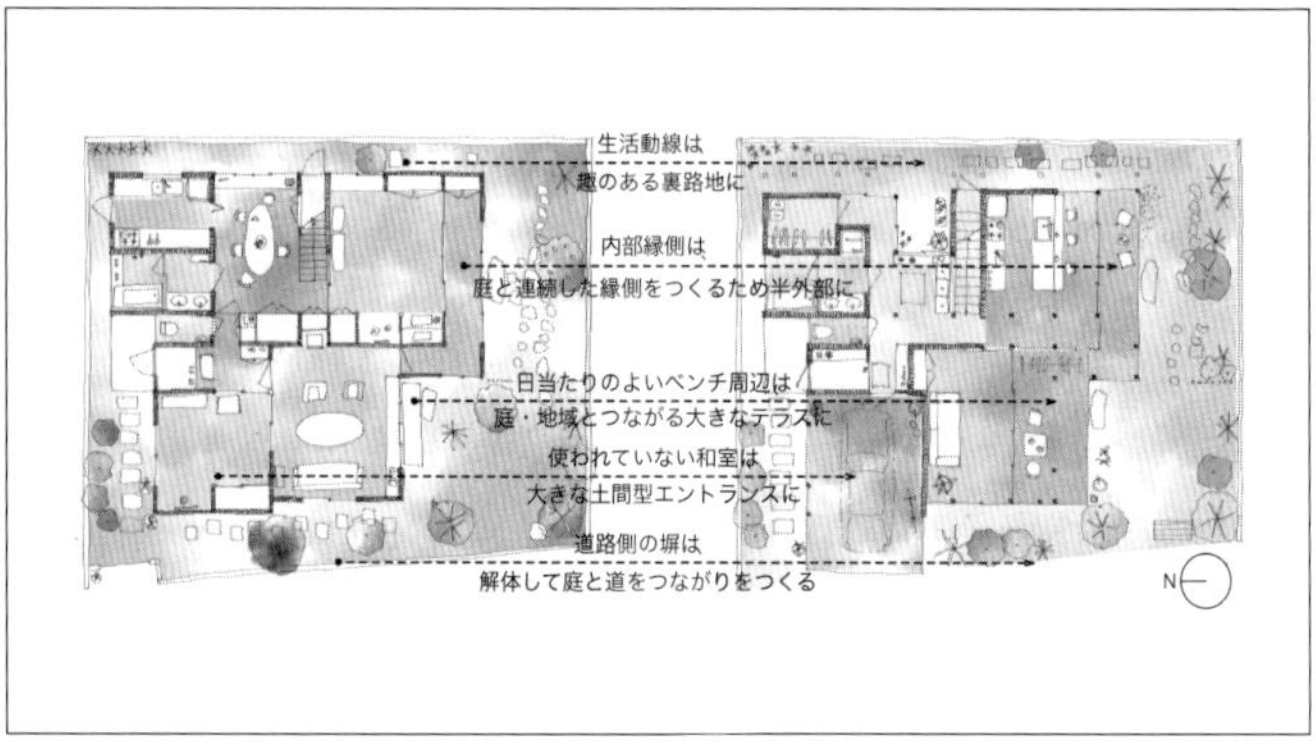

図 2-2-4　改修前（左）と改修後（右）のスケッチ
もともとあった暮らしを継承するように外を取り込み、新しい暮らしへつなぐ設計手法

ねると、この場所の日当たりや風通しなどの環境をはじめ、すでに根付いている人の出入りや近所との関係性も見えてくる。それらをいかに最大化するか。僕たちがたどり着いたのは、自分の生活を少し解放して、まずは知ってもらうことから始めることで、依頼主の生活の有り様に、共感や親近感が生まれるのではないかという考えである。

　自分の生活を大きく変える必要はない。生活を解放する方法を決めるために、外側の観察結果にゆだねてみる、という設計の手法をとってみた。手づくりのベンチが置かれていた日当たりの良い場所は、大きなテラスにする。内部のリビングはそのテラスを引き込むようにオープンで日当たりの良いサンルームのような場所とした。南の庭に隣り合う屋内の廊下は、縁側にして庭を楽しめるように、前面道路から玄関へ続く砂利のアプローチは、隣の部屋を半屋外化して大きな土間型に変えてみた。既存の間取りは大きく変えず、生活に合う家のサイズへ減築した。

外部を入り込ませることによって居室に個性が生まれ、それに応じた用途に変わってゆく設計だ。外部が入り込むことで、生活の様子や暮らす人となりがうかがい知れるようになる。屋内では見えない趣味の時間も、軒下空間であれば前面の通りからも見える。天気の良い日に庭先でガーデニングを楽しむ様子を見て、近所の人が話しかけたりと。

そうした日常生活の小さな断片の重なり合いが、近所、そしてまちへとつながっていくのではないか。閉じていれば変わらない暮らしも、いつも閉めているカーテンを思い切って開けてみる。外を通りかかった知人に手を振ることがあるかも、実は正午に心地良い光が入ることを発見するかも……、こうした小さな試みの積み重ねで、予測できない出来事がたくさん入り込んでくる余地となると考えた。

建物と記憶

こうしてさまざまな出来事・使い方の仮説を挙げていき、設計にフィードバックし現場へと入った。解体工事が始まり、生活とともにあった家具が搬出され、内装が剥がされ、一部骨組みの状態となった。家がもっていた生活感が一掃され、空間が抽象化され、人が住む前の時間に巻き戻され

図 2-2-5　解体して骨組みだけになった内部の写真

たような、でも確かに骨組みからは時間の蓄積が感じられるという、改修ならではの時間軸を行き来している不思議な空間体験があった。

家が骨組みだけになると、依頼主から聞いていた段階的な増改築が、家の歴史を語るようにあらわになった。

設計期間では、暮らしの引き継ぎ方の議論を重ねていたが、現場では、光の入り方や部材の見え方など、この家がもっていた肌感覚をどう空間へ引き継いでいくのか、検討と判断の積み重ねが求められた。昔の梁や、網代天井が残ることになったのは、家が解体されて初めて、これらのエレメントに、この家の歴史や暮らしてきた記憶を重ね合わせることができると気づいたからだ。

まち暮らし

生活の様子が開放される＝まちから見えるこの物件は、設計期間中はプライバシーの扱いを巡って依頼主と対話を重ねた。この場所は見えてもよいか、この部屋は来客を招かない部屋にしようかなど。

対話を重ねる中で、プライバシーには程度があって、状況によってその程度は変わるのではないかという議論があった。例えば、友達には知られてもいいけど、親には知られたくないこととか、昨日は雨だったけど、今日は晴れて気分も良いからテラスで仕事をしようか、など。住み手の気分によってプライバシー感は都度変化する。つまり、まちとの関わり方、開き方も気分によって変化する。そんな人間の気持ちに寄り添ったバイオリズムに、建築自体が振り回されるような住宅のあり方もあっていいと思う。それを実現するのに建築が用意すべきことは、大げさなことではなく、軒先の縁側や、開口部に設えるカーテンなど、とても些細なことだと思う。

ほどよく開かれることで意識されるプライバシーとセキュリティ。日常の楽しい出来事は、誰かと共有できるともっと楽しい。また、誰かの人生にきっと自分が関わっていると思うと安心する。

訪れてワクワクしたり、ホッとしたりするまちのムードをつくるのは、紛れもなくそこで暮らす人びとだ。そう思うと、僕たちの人生の拠点となる住まいは、生き方がにじみ出るような生き生きとした躍動感があると楽しい。自分らしく気まぐれで、至極個人的な理由でも、生活を開くことはできる。その気まぐれの連鎖が生み出す、たくさんの人や事象の重なりが、改めて〈まちに暮らすこと〉の偶然性や出会い、楽しさを教えてくれるだろう。

図 2-2-6　改修後のファサード　塀を撤去し複数のアプローチを設えている

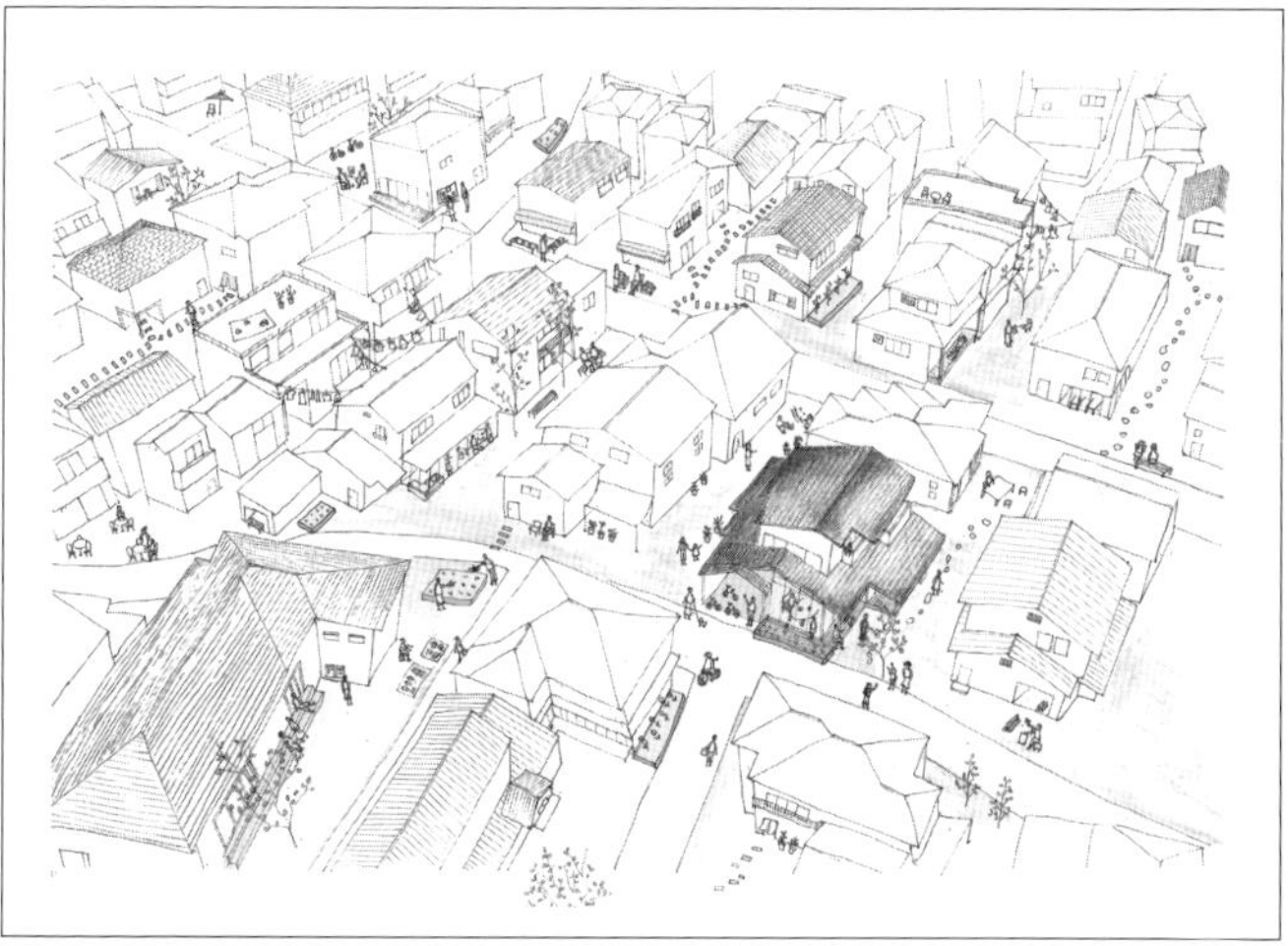

図 2-2-7　ひとつの住宅の改修によって、まちに変化が生まれる将来像

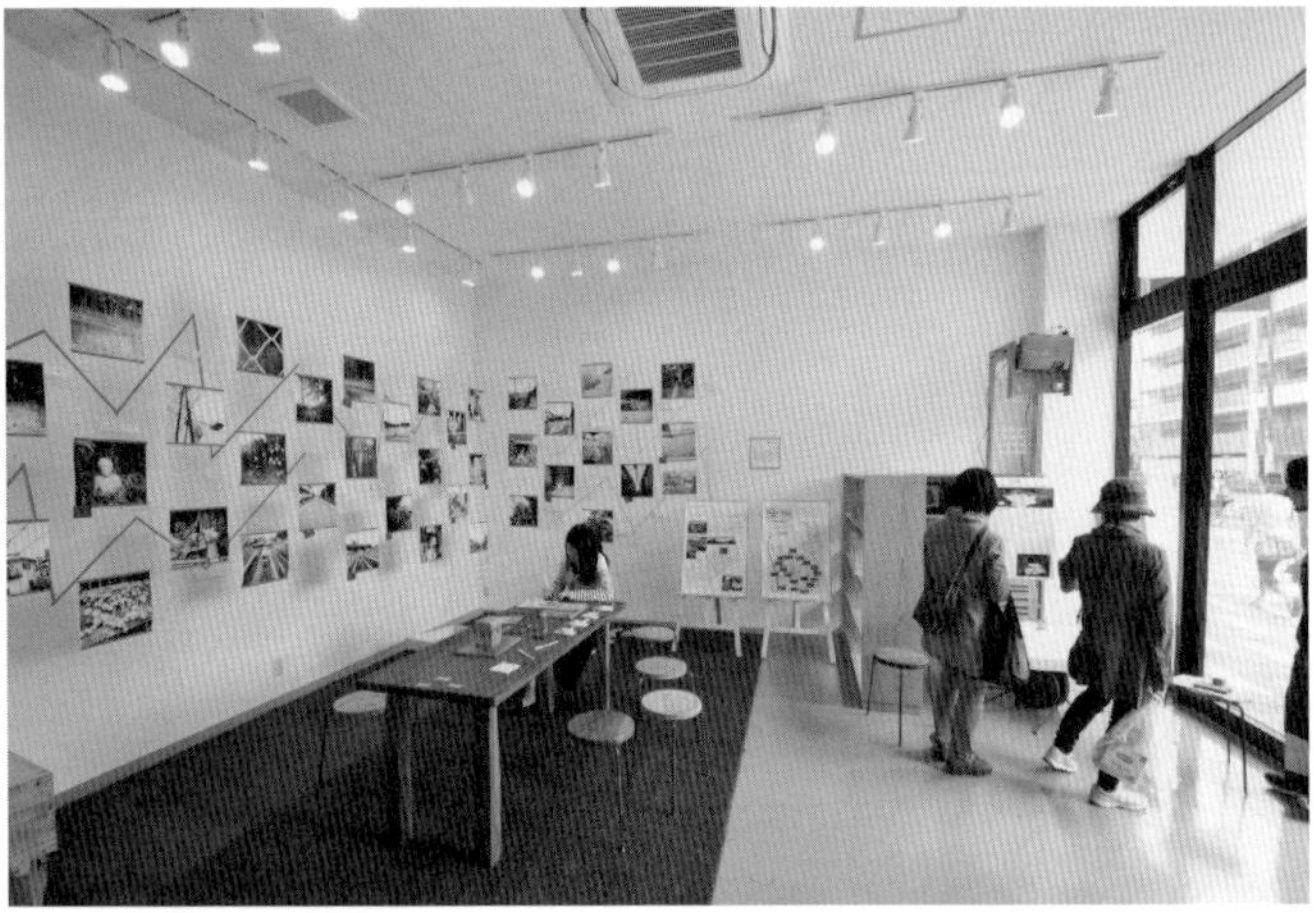

図 2-3-1 「みなまきラボ」内観

ケーススタディ③
みなまきラボ

街を楽しむ、面白がること

自分の住んでいる街に対して、どんな想いをもっているだろうか。「こんな街だったらいいのに」「あんなイベントがあったら面白いな」と街への妄想を膨らます。街づくりは、市民一人ひとりが街への好奇心をもち、面白がることから始まるのではないだろうか。

「みなまきラボ」は、横浜市西部を通る相鉄いずみ野線南万騎《みなみまき》が原《はら》駅から歩いてすぐの商業施設の一角に、街の未来を考える拠点として2016年に生まれた。

この街は、1970年代にベッドタウンとして誕生し、それから40年が経過して、人も街も高齢

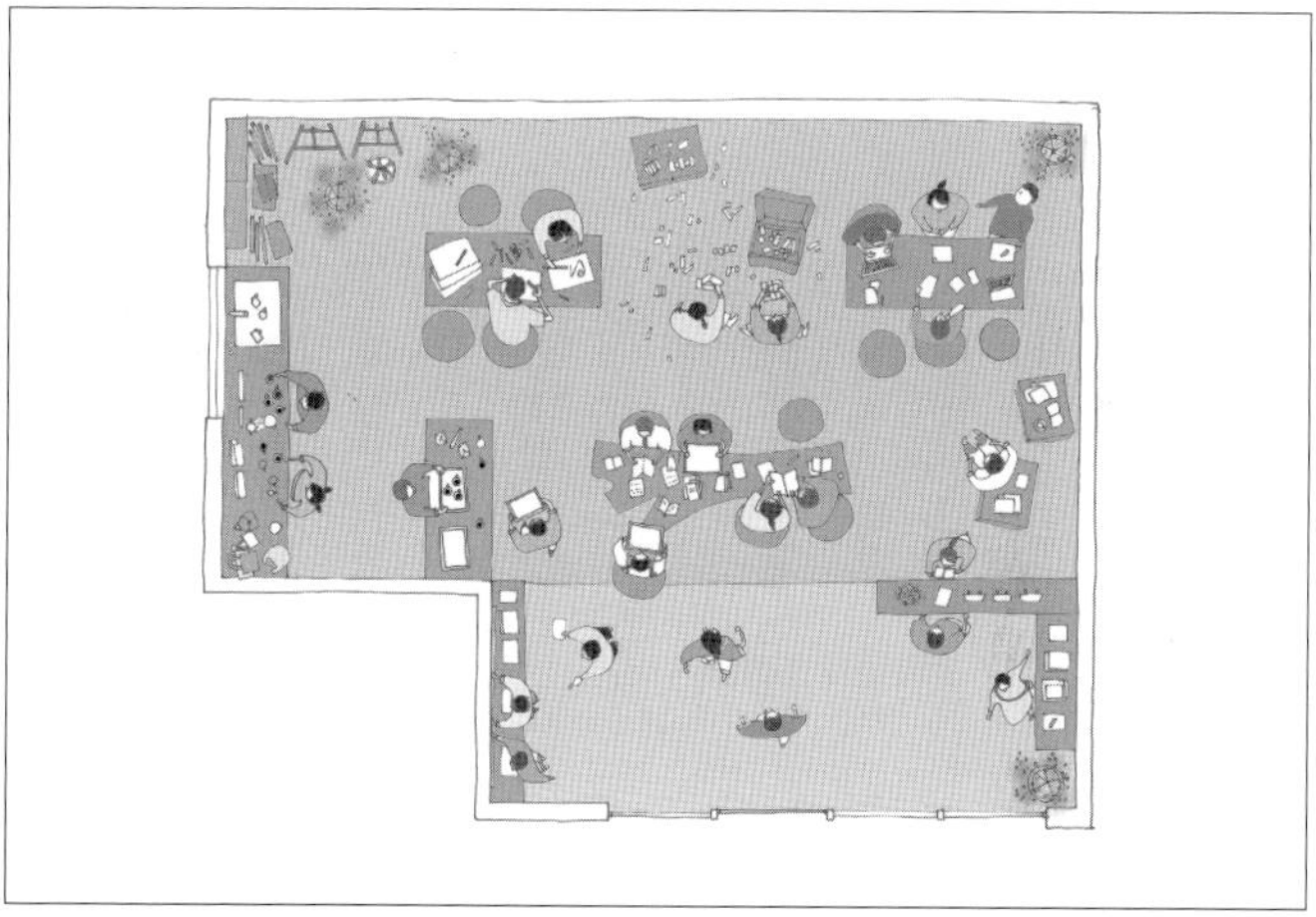

図2-3-2　「みなまきラボ」平面スケッチ

化し、空き家問題や若年層流出などの地域課題を多く抱えていた。そこで、相鉄グループを中心に駅前再整備をすることになり、幅広い世代が安心して居住できるように住環境、商業施設といったハード面の整備が進んでいった。同時に地域の人たち自身がその街の大切な資源を再発見し、彼らの手で街の魅力やにぎわいを生み出し育てていくソフト面での取り組みの拠点として、「みなまきラボ」は誕生し、相鉄グループの依頼を受け、オンデザインはラボの運営に関わることになった。

ラボという建築プロセス

ラボというのは、ラボラトリー（laboratory）の略で、研究所、実験室といった意味をもつ。ラボと聞くと大仰な施設を想像してしまうかもしれないが、「みなまきラボ」は、30名ぐらいしか入れな

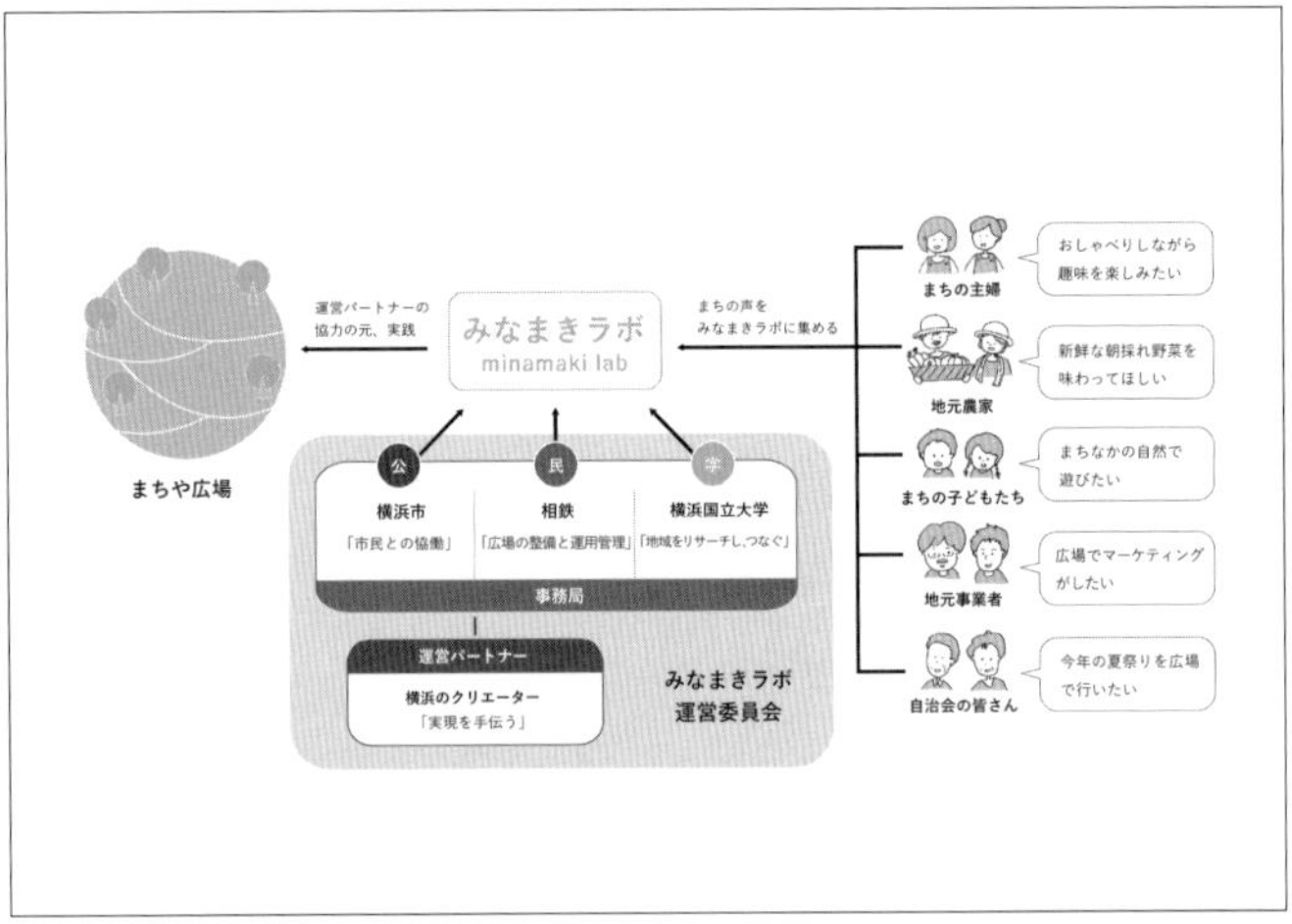

図 2-3-3 「みなまきラボ」の役割と運営体制図　オンデザインは運営パートナーの中心として関わっている

い40㎡の小さな箱である。ラボの運営は、〈みなまきラボ運営委員会〉として横浜市をはじめとする事務局が存在し、実際の運営は、運営パートナーとして、建築設計事務所だけでなく、デザイン事務所・メディア・NPOなどさまざまな主体が一体となったチームで運営をしていく（図2－3－3）。その運営パートナーの事務局がオンデザインだ。そして、街づくりの初期段階から地域の人たちに入ってもらい、ラボが対話のきっかけづくりをすることで自分たちの手で街をつくっていこうとする人材が育つ環境づくりをすることにした。

「みなまきラボ」ができた当初は、住民の方に「何も売っていないの？」「よく分からない場所ができた」と言われることが多く、試行錯誤しながらの活動だった。地域の人たちからすると、部外者がやってきて、「街を良くします」と言って一体何が

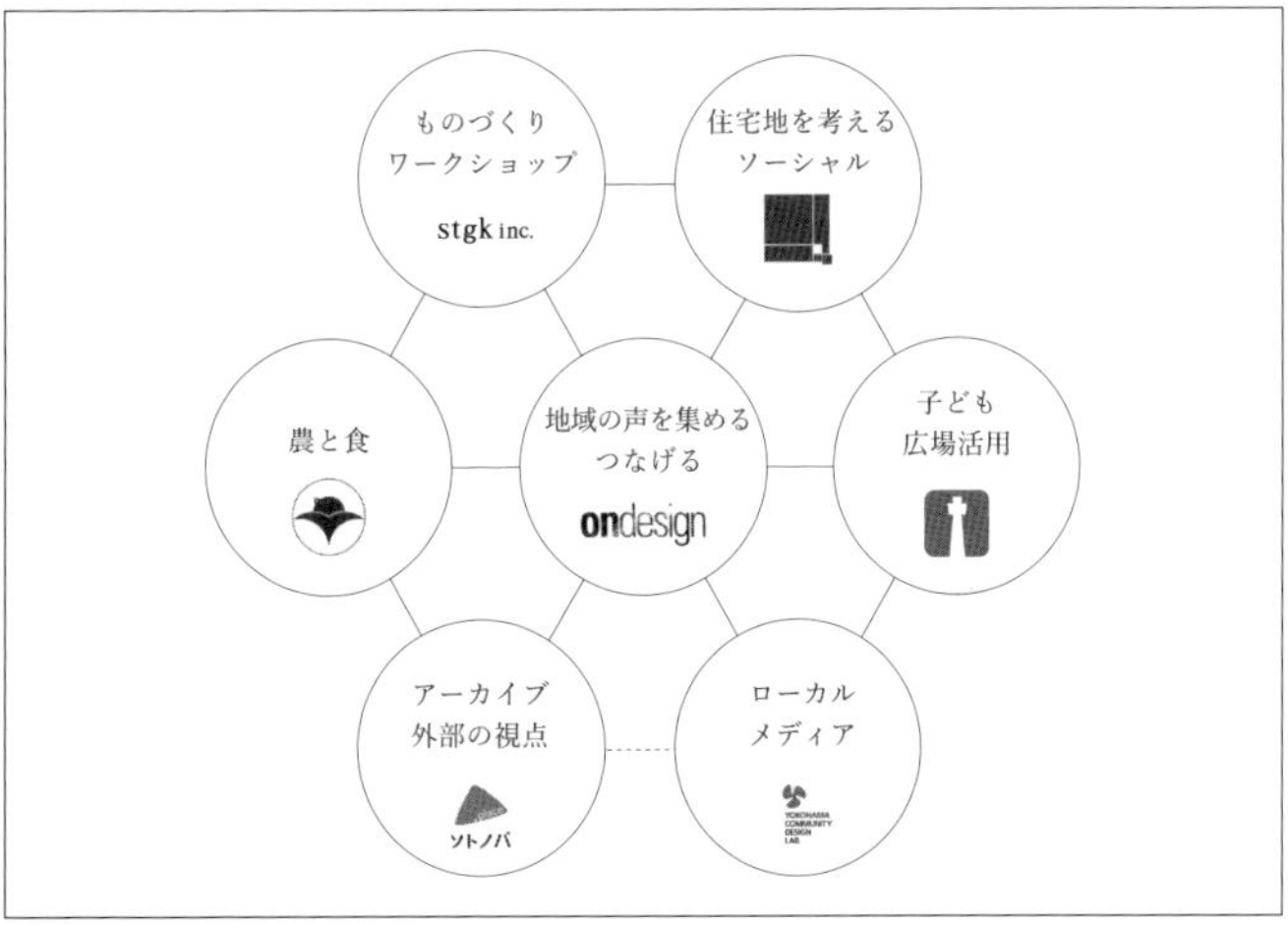

図2-3-4 7つの運営パートバナーとそれぞれの専門分野 運営パートナーが集まり、地域の方に興味をもってもらう活動のベースづくりを行っている

始まるんだと不思議に思われていただろう。しかし、ここでラボの重要な役割は部外者だからこそ見えてくる街の価値を伝えること。地域の賛同者（地域プレイヤー）を見出すこと。そしてそういった地域プレイヤーをつなぐチームづくりを行っていくことだ。昔から地元にある自治会や町内会のような組織ではなく〈街への想いに共感する人が集まったチーム〉をつくっていく。まず私たちはチームづくりから運営をスタートさせた。

地域プレイヤーを探す

しかし、地域プレイヤーを探すといっても、すぐには見つからない。まず、私たち運営側は街を知らない。そこで、「みなまきラボ」の運営パートナーが、週替わりで街との接点をつくる活動を実践することから始めてみた。

運営パートナーは異なる分野で活躍する、多彩なメンバーで、
●農家と食の分野に強いデザイン事務所〈NOGAN〉
●横浜で地域メディアをつくっている〈横浜コミュニティデザイン・ラボ〉
●都市デザインからまちづくりまで幅広く手掛けるデザイン事務所〈山手総合計画研究所〉
●「みなまきラボ」のある南万騎が原駅前の広場を設計したランドスケープ事務所〈stgkinc.〉
●公共空間などを豊かに使うアイデアを発信するメディア〈ソトノバ〉
●地元企業やNPO、行政などをつなぎ課題解決に挑むNPOハマのトウダイ
●オンデザイン〈事務局〉
の7組が集まった。

それぞれが自分たちの得意分野であるイベントやワークショップを実施し、まずは自分たちなりの街の楽しみ方、面白がり方を地域の人に伝えていった。自分たちが住んでいる街の価値は、当たり前すぎて気づかないこともある。そこで最初に、外からの視点で街の価値を見出した活動をして、地域の方に興味をもってもらうためのベースづくりが進んだ。週によってジャンルの異なる活動を継承することで、それぞれのコンテンツを目当てに足を運ぶ人が増えてきた。

例えば、「みなまきラボ」で野菜の直売を行う週がある。近くに品揃えも豊富なスーパーがあるが、スーパーでは見ないような珍しい野菜があったり、生産者の顔が見えることも嬉しいポイント

図 2-3-5　「みなまきラボ」で野菜の直売を行った時の様子

だ。旬の食材を新鮮なうちに味わってほしい農家の方と、安全で美味しい食材で料理をつくりたい主婦のニーズがマッチして野菜は完売。「次はいつ？」と人気の企画になっている。

　また、「みなまきラボ」の隣には、「柏町市民の森」という小規模ながらも立派な森がある。そこの木に樹名板をつくって設置するワークショップを行った。このワークショップでは、地域団体〈柏町市民の森愛護会〉と一緒に企画を考えることとなった。僕たちは、森愛護会の方から、まずは森について教えてもらうことからスタートした。ワークショップ当日は、子供たちが愛護会の方に木の種類について教わりながら、ひとり1枚の樹名板を製作した。いつのまにか愛護会の方のほうが「いやいや、ここはもっとこうしたほうが面白い」「こんなこともやりたい」とモチベーションが

図 2-3-6 「みなまきラボ」の隣にある「柏市民の森」 ここで樹木板をつくって設置するワークショップが行われた時の様子

上がってくるようになり、自発的にさまざまなアイデアが生まれるようになった。こういった、自分たちの街に主体的に関わるきっかけを生み出すことで、街の風景は少しずつ変化していく。

街を自分ゴト化する

オープン後しばらくすると、「ラボは知ってるけど、入りづらいんですよ」という声があったため新しく整備された駅前広場で、「みなまきラボ」のイベント告知とともに、広場に可動式ワゴンを出してコーヒーを無料で配るイベントを行った。すると、子供から大人までたくさんの人が集まり、3日間で300人の地域の方が立ち寄ってくれた。そこでは初対面同士がお互いの仕事の話で盛り上がったり、話題のドラマについて熱く語ったり。いつも早歩きで通り過ぎる人しかいない駅前広場

図2-3-7 「みなまきラボ」への誘引を図るために開催したコーヒーイベント〈ほどワゴン〉 ラボ近くの駅前広場で街の人にコーヒーをふるまっている時の様子

に、あたたかい光景が広がっていった。そこで出会った近所にお住まいの男性の一言がとても印象的だった。「俺にもコーヒーをつくってふるまうことぐらいできそうや」。何気なく言った一言だとは思うが、「自分でもできるかも」そう思えたことが大切で、受け身ではなく「自分たちの街を自分たちでつくっていく」という意識の変容を感じた瞬間だった。

街づくり＝人づくり

こうして7組の運営パートナーがそれぞれアイデアをもち寄って地域資源と結びついた活動をすることで、街の情報を蓄積し、街づくりのプラットフォームとしての下地づくりを行った。ここまでの活動で、運営パートナーは地域プレイヤーとの接点をつくり出すことはできた。次の課題は、地

図 2-3-8　主婦ネットワークによるものづくりサークルの活動
あるひとつのサークルでクリスマスのオーナメントづくりを行った時の様子

域プレイヤーに、「みなまきラボ」を自分たちの拠点として活用してもらうことである。

　そのために、漠然とした〈地域の人〉に向けた活動ではなく、そこに暮らす〈個人〉に解像度を上げた活動をスタートした。街づくりが、そこに住む人の暮らしに豊かさを提供する取り組みとするのなら、まずは〈地域の誰か〉に向けた活動より、顔の見える〈あの人〉に焦点を絞って考えたほうが届きやすい。具体的には、ここまでの活動で出会った一人ひとりにヒアリングを行い、自分たちの活動を発信するためのサポートを「みなまきラボ」が行っている。いろいろな方にヒアリングをしたが、予想以上にオープンなマインドをもった人が多く、「何かしたいけど、どうしていいかわからない」と話す人も多かった。話を聞いている中で、ものづくりサークルをしている主婦ネットワークがいくつか存在するなど、この地域がもっているポテンシャルが浮かび上がってきた。まずは彼女たちに「みなまきラボ」を拠点としてものづくりワークショップを開催してもらっている。もともと地域にあったポテンシャルのある活動を「みなまきラボ」を通すことで、見える化し、地域プレイヤー同士のネットワークとしてつなげていければと考えている。

ものづくりワークショップをしている主婦ネットワークの人たちが、秋の一日、駅前広場で自分たちのつくったものをもち寄ってピクニックイベントを行った。自分たちが好きでやっていることに、多くの人が足を止め、興味を引かれ、次の展開に期待が高まった。彼女たちが主体的に動き始めたことで、第2、第3のまだ見ぬ活動が動き出しやすくなったのではないかと思っている。「みなまきラボ」ができたことで、漠然とではあるが何か自分でも街に対してできるかもしれない、と興味をもってくれる人が現れてきた。「なんとなく面白そうだから参加してみる」「楽しいからやっている」そういった好奇心から生まれるゆるい街との関わりでも、5年、10年と続けると、そこには確かにつながりや出来事が生まれて、その街の資源に成長していくと考えている。

ケーススタディ④
Hama House + HAMA 1961

街の遊休スペースを活用する

事務所に依頼される案件の中には、ビルの空き室や都市の空隙（遊休スペース）を活用するための地ならしのようなプロジェクトがある。たいていは、ビルや土地を所有しているオーナーからの依頼で、再開発というほど大掛かりではなく、土地に初めから新築を建てるよりは、街の時間軸に寄り添いながら、時間が止まってしまっている場所を復活させる取り組みだ。横浜の関内エリアでは「800中心」「泰生ポーチ」という2件の古ビル活用のプロジェクトを行い、どちらもビルが稼働できる必要最低限なことのみから設計をスタートさせている。リーシング[注1]に最適なサイズを決め、仕切りの壁を追加したり（なるべく小さく借りられるよう部屋を小割りにしたり）、エアコンや電気設備などのインフラを整えたりした上で、ユーザーが使い方の自由度を得られるよう、後から手を加えても大丈夫な余白を極力残すようにしている。横浜で関わった2件はどちらもクリエーターのミニオフィスだが、ユーザーが自分の使い方に合わせて内装をカスタムしていくことで（徐々に共有部にも手に入れているので、スクスクと建物が成長している感覚で）、雑居ビルの中にクリエーターの数だけデザインが広がっている。依頼が来た段階では遊休スペースを活用したいと

図 2-4-1 「泰生ポーチ」 横浜の関内駅にある古ビルを活用した創造複合拠点
2～4階のシェアオフィスには、横浜で活動するクリエイターが入居している

いう不動産からのアプローチだったが、誰が・何のために・どのように使うのかという目線で活用方法を空間と合わせて考え進めると、多様なユーザーのクリエイティビティを受け止める場に成長していく感覚となってゆく。

エリア価値を高めるプログラムと設計

オンデザインでは、日本橋浜町にある新築「Hama House」と改修「HAMA 1961」のふたつの拠点を設計した。クライアントは、商業やオフィス、マンションの複合施設の再開発などを通して長らくこのエリアに関わっている安田不動産である。今回のプロジェクトは、建てることでエリアを活性化させる従来の不動産デベロップメントとは違ったアプローチをとっており、エリア価値を引き上げるようなプログラムつくり、そのプログ

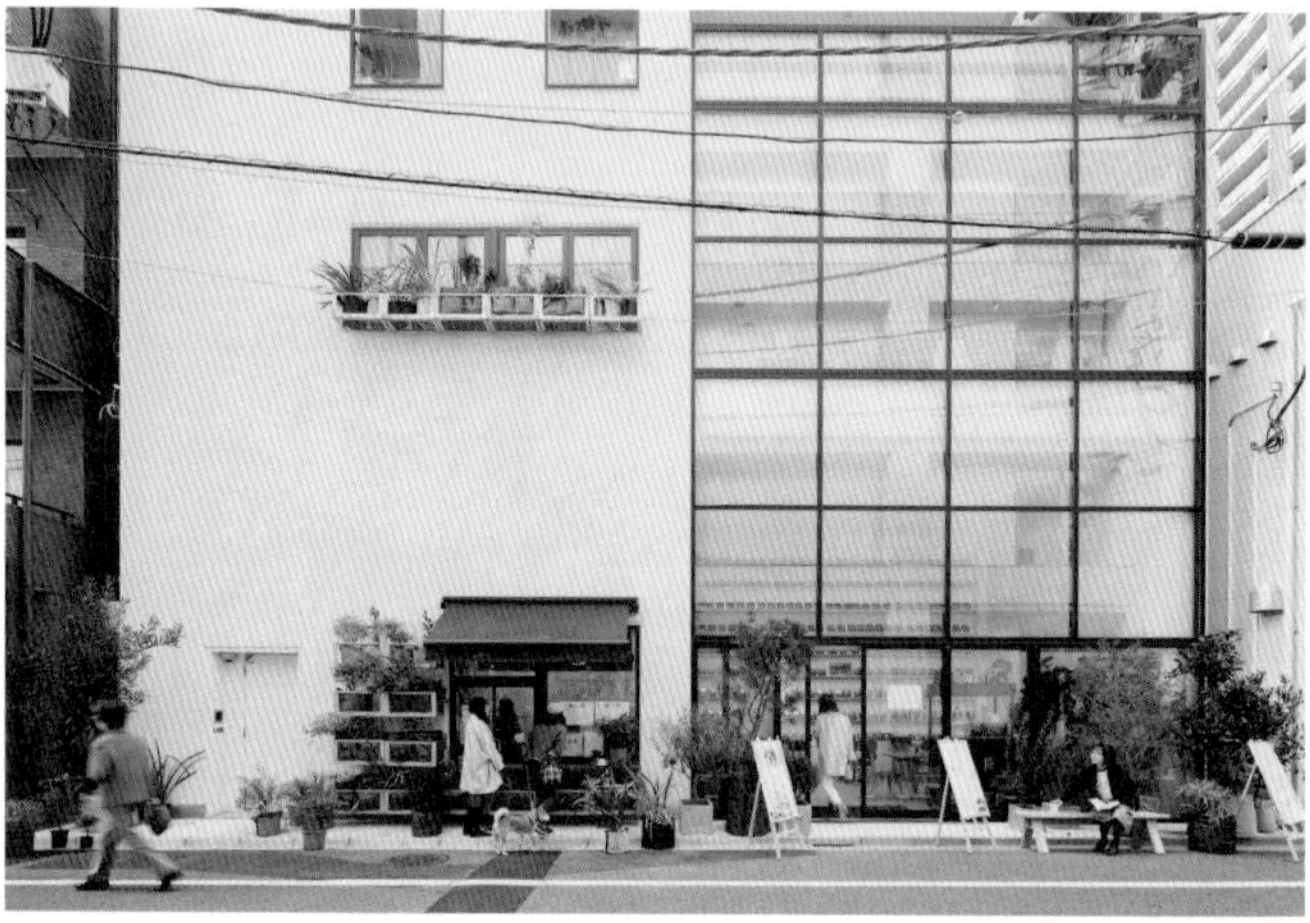

図 2-4-2 「Hama House」竣工写真

ラムに合ったテナントユーザーを巻き込むことから逆算的にアプローチする設計である。「Hama House」は、エリアマネジメントセンターとして道路に大きく開いた3階建てのテナントビル、隣接する「HAMA 1961」は、味わいのある外観を残してテナントに改修したプロジェクトである。

Hama House

ひとつめは、新たな浜町のシンボルとなる「Hama House」である。1階にはブックカフェ、2階にはシェアキッチンとエリアのフリーペーパーを作成したりエリアマネジメント活動を行う事務局オフィス、そして3階にはエリアマネジメントに協働するデザイナーなどのシェアオフィスというプログラムで構成されている。新たにできるこの場所が担う役割は、街にすでにある

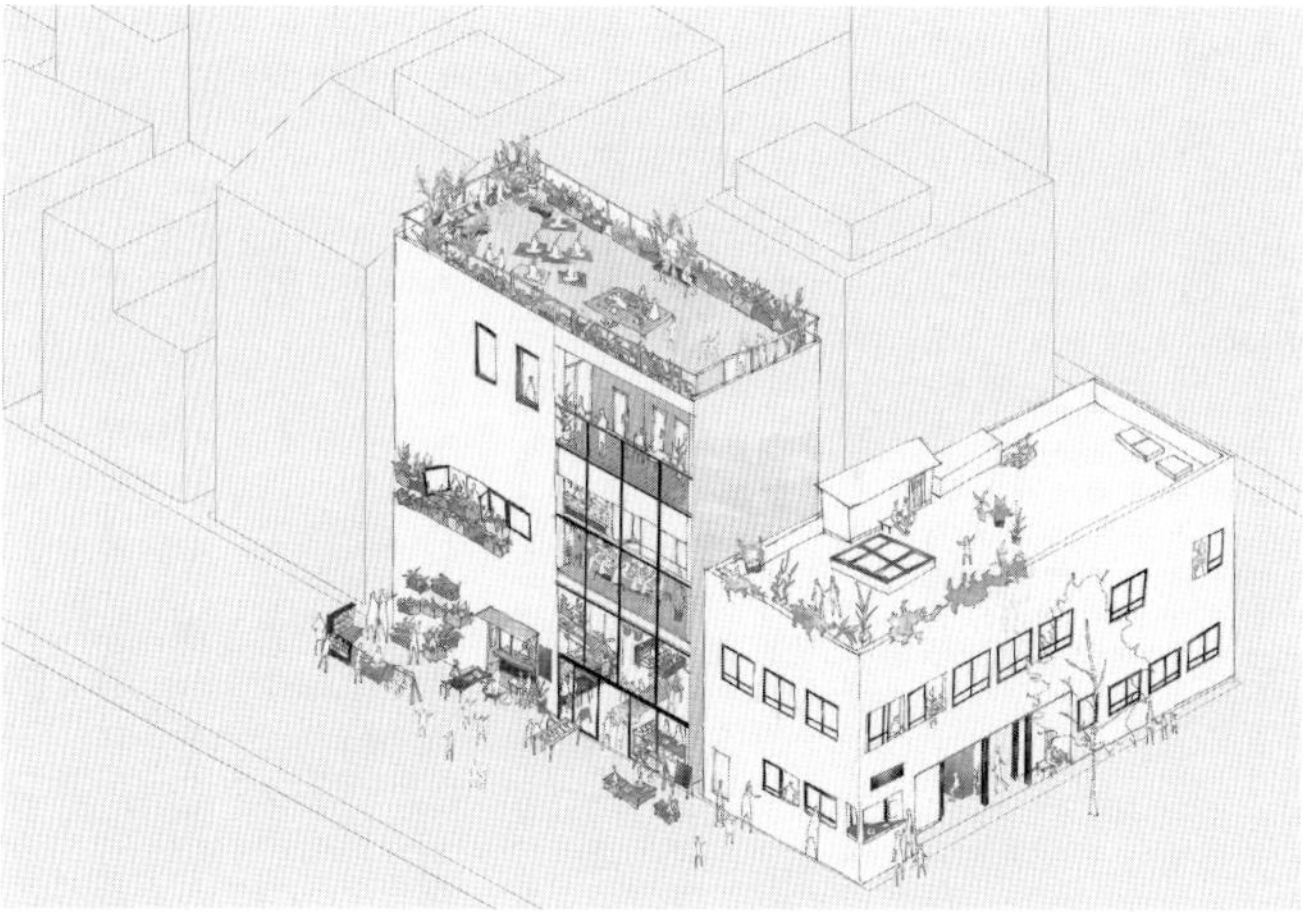

図 2-4-3 「Hama House」と隣に建つ「HAMA 1961」
日本橋浜町のエリアマネジメント拠点としてここを中心に街が活性化されることを目指している

オフィスや住居の住人同士をつなぐことである。さらに、今ある浜町の拠点同士（安田不動産は開発のほかにも飲食店の誘致などソフト面にも丁寧に向き合い拠点形成を進めている）をつなぎ、面的な広がりを形成されることが期待されている。それぞれの拠点が日々街に対してできることにはどうしても限界があるが、それぞれが協働することで、街への波及効果がより大きくなる。

建物の空間構成としては、かなりシンプルな鉄骨造3階建ての建物である。間口が広く奥行きが浅い敷地形状を生かして、1階は階高を高く計画し、前面道路に対してオープンな計画とした。将来、前面道路を歩行者天国にして人の流れが建物と街を横断することを想定している。建物のファサードは、半分をカーテンウォールにしており、1階のブックカフェはもちろん、2階のシェアキッチンを使った料理教室や、3階のシェアオフィスの様子も街へのファサードとして現れる。残り半分の壁面には、プランターを立体的に配置し、日常的に街の人たちや子供も一緒に巻き込みながらガーデニングを楽しめる仕掛けとした。

誰でも気軽に入れる1階のブックカフェの什器は、今後の展開を考慮してブックワゴンや可動式の棚とし、イベントやセミナー時、日々のカフェ営業時など、それぞれの状況に応じて設えをカスタマイズできるようにした。それは、運営側だけでなく、使う人たちがこの建物の中に居場所を見つけ、自由に活動を展開できるようにと意図したものだ。この建物で行われるさまざまな事象は、そこに集まる人びとの新たな出会いにつながり、街へと展開していく。建築をつくることにより、同じ街に住んでいても顔を合わさなかった人同士にコミュニケーションが生まれたり、今まで訪れなかった人が集まるようになったり、街への広がりをもつことがある。この〈ハウス〉と名付けられた建築は、決して大きな建物でもなければ、大通りに面しているわけでもないが、街にたいして常にオープンな佇まいの構えとすることで、街のリビングのような拠点として育まれていってほしいと期待している。

HAMA 1961

「Hama House」の隣には、昭和36年に建てられたヴィンテージな雰囲気をもつ木造2階建ての建

図 2-4-4　改修前の「HAMA 1961」の内部
ビルを解体した後、スケルトンにして構造補強

図 2-4-5　改修後の「HAMA 1961」の内部
古い木造の梁や鉄骨梁をそのまま生かしている

物がひっそりと佇んでいた。この建物を壊さずに、長い年月から生まれたその味わいを生かすことで、街に寄与する場所が提案できるのではないかと考えた。かつては倉庫として利用されていた建物を再生するために壁や天井を解体してみると、木造の梁を補強する鉄骨のトラス梁が設けられており、木造では珍しい構造形式の空間が現れた。道路側は、趣きのあるスチールサッシの窓が連続的に続き、額縁のように街の風景を切り取っているのが印象的だった。

構造検討の結果、必要な箇所には壁や柱を新設することで構造補強し、加えて、建物に垂直方向の抜けを新たに追加するために、床を抜き、1、2階をつなぐ耐力壁を立て、天井高い吹き抜け空間を既存の木造部にうまくフィットするようにした。さらに、その吹き抜けにトップライトを配置し上空から光を落とすことで、入り口に人びとを誘いつつ、もともとあった木

図 2-4-6　「Hama House」と「HAMA 1961」のイメージスケッチ

造の梁や鉄骨梁が風景をつくり出している。

また、木と鉄、過去と現在、といった素材や時間の違いがあるものを無理に合わせようとせず、あえて素材の持ち味をそのままにして調和させることで、建物の魅力を引き出そうとした。

昔からある建物に宿る歴史や、個々の素材や部材がもつ記憶を継承することは大切なことである。さらに街に眠る昔ながらの多くの建物群の歴史も継承しつつ、新しい価値を付加することは、エリアマネジメントの効果的な手法のひとつである。竣工後、1階には欧州の雑貨屋とお茶を提供するカフェが入居した。

昔は倉庫だった建物を新たな居場所として再生させ、住民やオフィスワーカーがお茶を楽しむ、そんな風景が生まれることを期待している。

1　商業用不動産の賃貸を支援する業務のこと。賃貸借取引の仲介だけでなく、店舗・事務所の立地動向調査（マーケティング）、テナントの構成や賃貸条件の設計・調整など、賃貸収益性を確保するためのサービス業務を含む。

ケーススタディ⑤ コミュニティボールパーク化構想

民間がつくるパブリック

パブリックという言葉の語源はラテン語の「publicus（人びとの）」であり、これには自分を含むコミュニティに属するみんなのものこそが、パブリックだという意識を感じる（日本だと公共という言葉に「公共＝行政」的な意味を感じてしまい、なかなか自分のものと感じることが難しい）。このみんなのものこそパブリックという観点に立つと、公共施設や公共空間に限らず、民間のものでも多様な人を受け入れ、そこにコミュニティやまちとの地続き感を感じるものもパブリックとして並列して見えてくる。公共を面白くしようという意識よりは、民間の空間だけど公共的な振る舞いが発生する空間づくりを意識していくと、都市の風景に参加したり、物理的なアクションとして異なる価値や人が集まることでパブリックになるような場所は意外に多い。

コミュニティボールパーク化構想

横浜スタジアムは、プロ野球球団の横浜ＤｅＮＡ（ディー・エヌ・エー）ベイスターズの本拠地として使用されている築40年のスタジアムである。横浜公園の中にあり、最寄り駅である関内の駅前にあるにも関わらず、長らくスタジアムは野球ファンのものという固定観念があり、市民の日常の居場所という感覚はなかった。横浜ＤｅＮＡベイスターズの〈コミュニティボールパーク化構想〉は、そんなスタジアムを、野球ファン以外の市民が楽しめる場所に変えていくプロジェクトの総称で、オンデザインは２０１４年よりプロジェクトのデザイナーとして関わっている（立場や役割は時に応じて変化しており、設計も、行政との調整も、さまざまなデザイナーとのチームビルディングや拠点の運営サポートなども行っている）。

観戦する時間の価値を見直す

最初に取り組んだのは、グループで試合を楽しむことができる時間をスタジアムの体験に取り入れようとボックスシートの増設を計画した。友人同士や職場の同僚、もしくは家族と一緒にスタジアムという非日常の空間を楽しむことができる新たなコミュニケーション空間を生み出すことを目指し、いくつかのバリエーションを企画実現した。靴を脱いで入るようにして、クッション性の床を採用することで乳児や幼児なども一緒に家族で観戦できるシートや、最大10名までが飲み会のように野球観戦ができるシートなどである。いずれのシートも、もともとグラウンドが見えづらく売れ残りがちだったエリアを改修していることもあり、試合を集中して観戦したい人には人気の場所ではなかったが、野球をきっかけに新たなコミュニケーションが生まれている。環境を読み変え

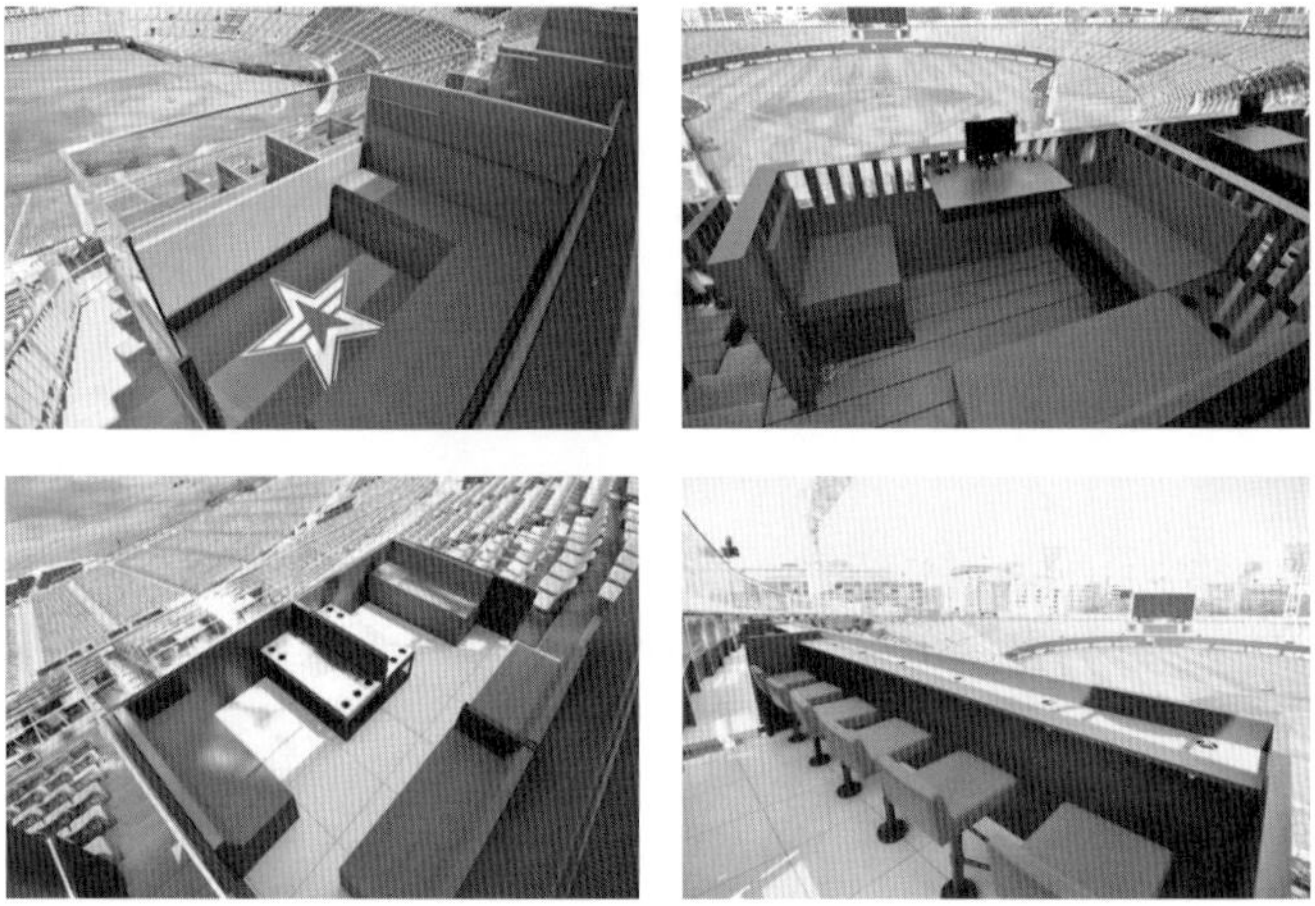

図 2-5-1　2015 年に新たに設置したボックスシート（横浜スタジアム）「ベースボールモニター BOX シート」（右上）、「リビング BOX シート」（左上）、「スカイバーカウンター」（右下）、「プレミアムテラス」（左下）

ることで、新しいスタジアム体験の場に生まれ変わった。グループで観戦に来る人びとの多くは、飲食を楽しみながら野球に詳しい人がそうでもない人に、ルールや楽しみ方を解説するなど、通常の横並びのシートでは発生しないコミュニケーションを楽しんでいる。3年経った現在では、チケットがもっとも入手困難なシートとなっている（図2－5－1）。

スタジアムと公園の接点を変える

非日常の場だったスタジアムを、日常のパブリックスペースである公園に開くために、イベントなどのためにある大きな搬入口を開放して横浜スタジアム内のグラウンドが公園から見えるようにし、選手の練習風景を子供たちが日常的に見ることができる場所「DREAM GATE（ドリーム・

図2-5-2　横浜スタジアムのグラウンドでキャッチボールができる取り組み「ドリーム・ゲート・キャッチボール」

ゲート）」をつくった。これまで隣り合わせでありながらも分断されていた部分をつなぐこの取り組みは、公園を利用していても横浜スタジアムへ野球を観戦に来ることのなかった人びとに対して、視覚的にスタジアムを身近に感じてもらえるようになった。

ドリーム・ゲート完成の翌年からは、もう一歩踏み込んだアクティブな施策として、試合開催日の早朝にこのドリーム・ゲートを利用して公園からグラウンドに入り、グラウンド内で誰もがキャッチボールすることができる取り組み「ドリーム・ゲート・キャッチボール」も企画しスタートした。これにより、横浜スタジアム周辺に勤務するサラリーマンは、朝キャッチボールをしてから出社できるようになった。

図 2-5-3　横浜スタジアムにあったライフスタイルショップ「+B（プラス・ビー）」の店内の様子（現在は「THE BAYS」内に移転）

ライフスタイルに近づける

公園に面して建つ野球の応援グッズショップを公園利用者にも使ってもらえるようバージョンアップし、新たにライフスタイルショップとして立ち上げる企画「＋B（プラス・ビー）」を実践している。ここではショッピングを楽しんだり、コーヒーを飲みながら公園で憩うといった、日常のアクティビティにスムースにつながるような場の提案である。

このプロジェクトは、さまざまな分野のクリエイターを巻き込み、さらに球団のスタッフとも対話を重ねながら進めていった。コンセプトからそれぞれの企画ごとのアウトプット、実際の運営に至るまで、それぞれの立場を超えて包括的に思想が共有されるようになることを目指した。

都市へのアプローチ

これらの野球というスポーツをまちに開く思想や取り組みは、横浜スタジアムや横浜公園に限定したものではなく、周辺エリアの都市全体に展開する目線をもつと、プロ野球球団だからこそできる新しい都市へのアプローチが見えてくる。まちづくりプロジェクトとして、横浜スタジアムと横浜公園を軸に取り組んできた〈コミュニティボールパーク化構想〉を、横浜のまち全体に展開していくために、2016年に新たに立ち上げられたのが〈スポーツタウン構想〉である。これは官民連携によって、公共の空間や領域を巻き込むことを視野にスポーツの切り口をもつことで、市民の健康づくりや新しい産業創出などが期待されている。

横浜スタジアムを飛び出してまちなかの拠点として、初めて誕生したのが2017年3月に完成した「THE BAYS（ザ・ベイス）」である。「THE BAYS」は、スポーツを切り口に、公園や道路などさまざまなオープンスペースを新たな都市空間の活用モデルとし、まちのにぎわいを生み出していくための基地（ベース）をつくる取り組みである。横浜公園のすぐ目の前にあり、1928年に建てられた横浜市所有の指定有形文化財「旧関東財務局」の活用事業として、「スポーツ×クリエイティブ」をコンセプトとした、スポーツを取り入れた新しいライフスタイルや産業創出の拠点とするプロジェクトである。

1階には、スタジアムから「＋B」が移転し、時をあわせて新たに飲食店「Boulevard Café &9

図 2-5-4　2017 年 3 月に竣工した「THE　BAYS（ザ・ベイス）」の建物外観　通称ザイムと呼ばれる旧関東財務局（横浜市）の建物で、以前は多くのクリエイターがシェアオフィスとして活用していた

（アンド・ナイン）」を併設した。その後もアプローチは食だけにとどまらず、地下1階には新しいタイプのフィットネスクラブ「ACTIVE STYLE CLUB（アクティブ・スタイル・クラブ）」をオープンした。歴史的建造物である「THE BAYS」内のレンガに囲まれたヨガスタジオとロッカーやシャワールームを備えたランニングステーションがあり、スポーツの基地となる。ランニングや自転車、ヨガなどのスポーツプログラムを実施する場所は、建物内だけにとどまらず、ここがスポーツの基地となり横浜公園や山下公園、赤レンガ倉庫など、横浜のまちと海を感じられる公共スペースも活用することができる。このクラブでは、まさに横浜のまち全体がフィールドになるわけだ。この後も、新しいライフスタイルの提案はさらに強化されている。

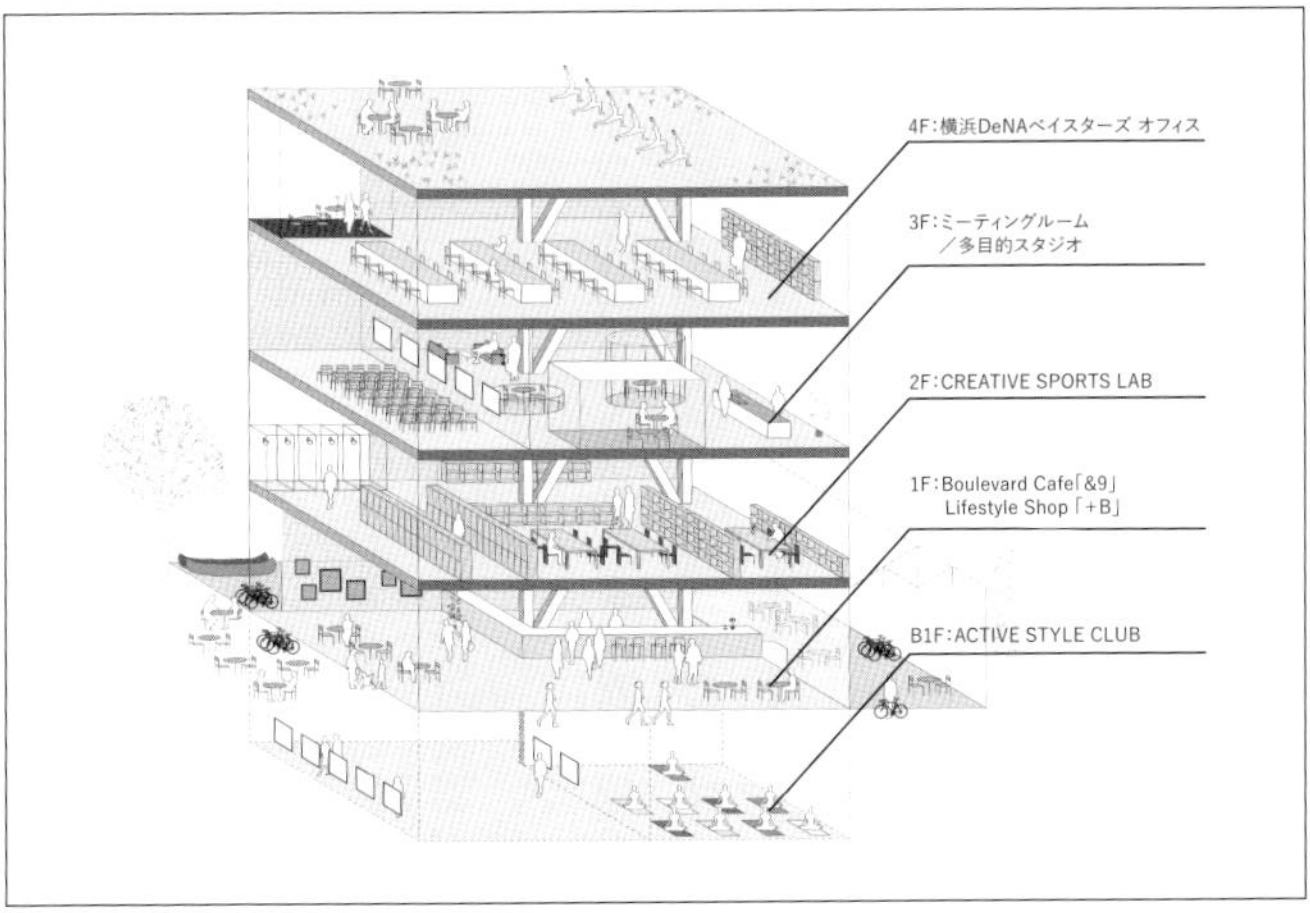

図2-5-5 「THE BAYS」の各フロア概要　さまざまなプログラムが入る複合施設だが、すべて横浜 DeNA ベイスターズによる事業という点が特徴となっている

そして、この施設の最大の特徴は2階の「CREATIVE SPORTS LAB（クリエイティブ・スポーツ・ラボ）」である。ここは、会員制のコワーキングラウンジ・シェアオフィスでありながら、会員として集積した企業や大学、クリエイターなどによるコラボレーションから産業創出やまちへの展開などスポーツをテーマとした〈スポーツタウン構想〉の戦略を描き、まさに実際にアクションを生み出していこうという、オープンイノベーションのためのコミュニティの拠点である。例えば、会員のもつスキルを活かしながら、「＋B」や「&9」の商品開発を行ったり、横浜スタジアムでの新しいサービスを開発したりするなど、球団とのコラボレーションや開発はもちろん、「ACTIVE STYLE CLUB」のプログラムと連携し、場合によっては横浜市など行政と連携し

て横浜のまち全体のパブリックスペースを活用しながら、新しい技術やプロダクトの実証実験などにも取り組むことを想定し、イノベーションの射程を広げることができると考えている。

近年、世界的にスポーツ産業の広がりが注目されている中でも、このようなスポーツを軸としたオープンイノベーションの拠点というものは、世界でも事例がまだ少なく、海外のクラブチームなどからヒアリングを受けることも多い。横浜から世界に発信できる取り組みになることが期待されている。

スポーツとパブリックスペースから描くまちの未来

スタジアムに新しい価値を見出すことで、日常と非日常をつなぐ新しい体験が生まれる。その発見の延長線上に、都市の中でスポーツやパブリックスペースの新たな魅力を見出し、未来のまちをイメージする新しい視点が得られるということが、これらの取り組みを通じて次第に実感できるようになってきた。例えば、スポーツと健康は密接な関係で、そこから医療や福祉についても視野を広げることができるし、AR[注1]やVR[注2]などのエンターテイメントの分野でも、自らの身体で体験するスポーツは最大のコンテンツである。さらには自転車やランニングなどは、車に搭載されたカーナビの位置情報だけでは得られない、もっと詳細なヒューマンスケールでの地図やデータを得ることができ、防災や新しい産業やサービスのための都市のインフラ設計などにまで視野を広げることができる。

従来のように、ハードをはじめとした静的なものからかたちづくられる都市像ではなく、スポーツやパブリックスペースを通じて、人の活動などの動的なものから描き出されるまちのイメージには、都市を考える上での重要なヒントが潜んでいると実感する日々である。

1　Augmented Reality　拡張現実。人が知覚する現実環境をコンピューターにより拡張する技術、およびコンピューターにより拡張する技術。

2　Virtual Reality　人間の感覚器官に働きかけ、現実ではないが実質的に現実のように感じられる環境を人工的に作り出す技術の総称。

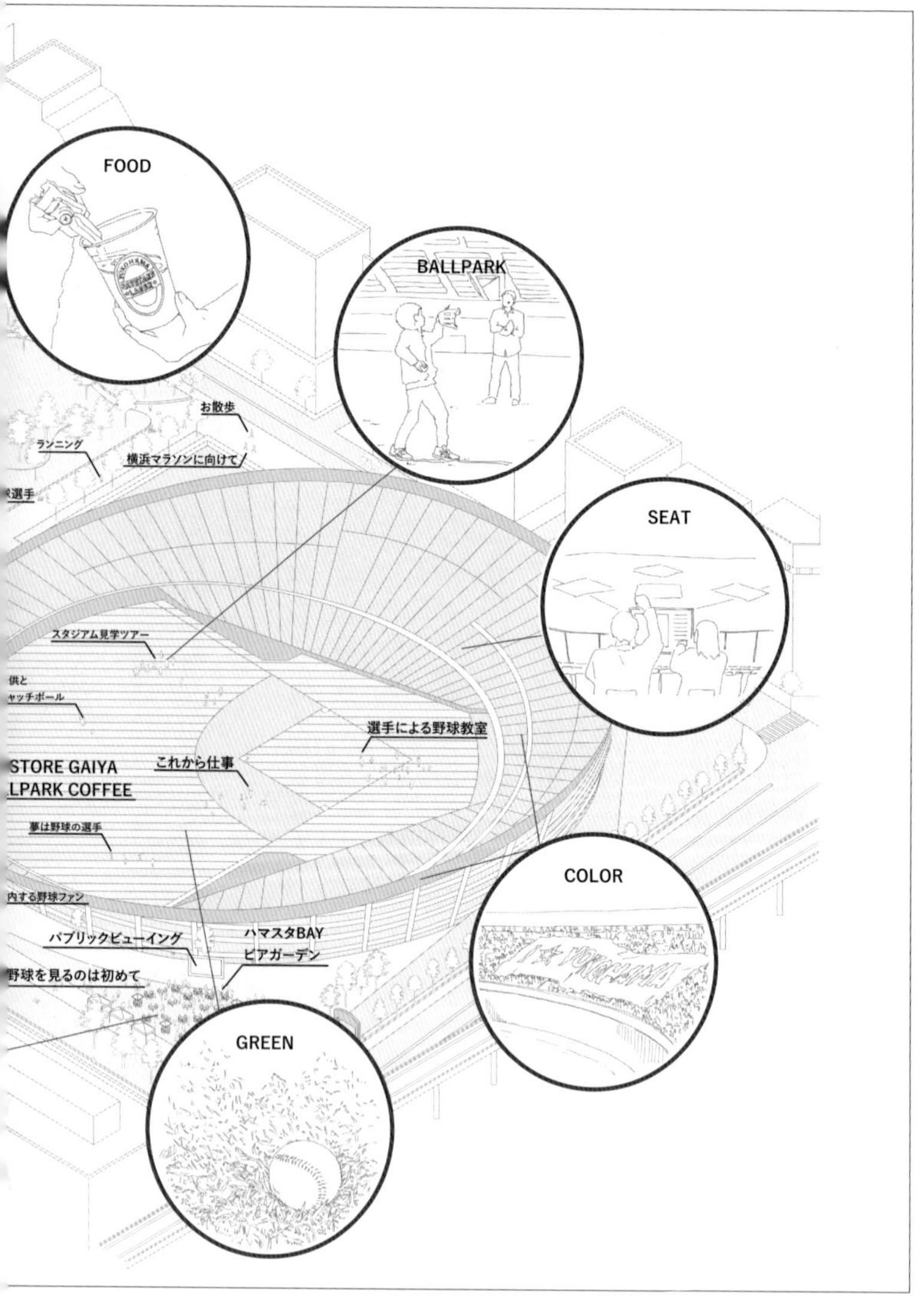
FOOD
BALLPARK
SEAT
COLOR
GREEN
お散歩
ランニング
横浜マラソンに向けて
選手
スタジアム見学ツアー
供と
ャッチボール
選手による野球教室
STORE GAIYA
LPARK COFFEE
これから仕事
夢は野球の選手
内する野球ファン
パブリックビューイング
ハマスタBAY
ビアガーデン
野球を見るのは初めて

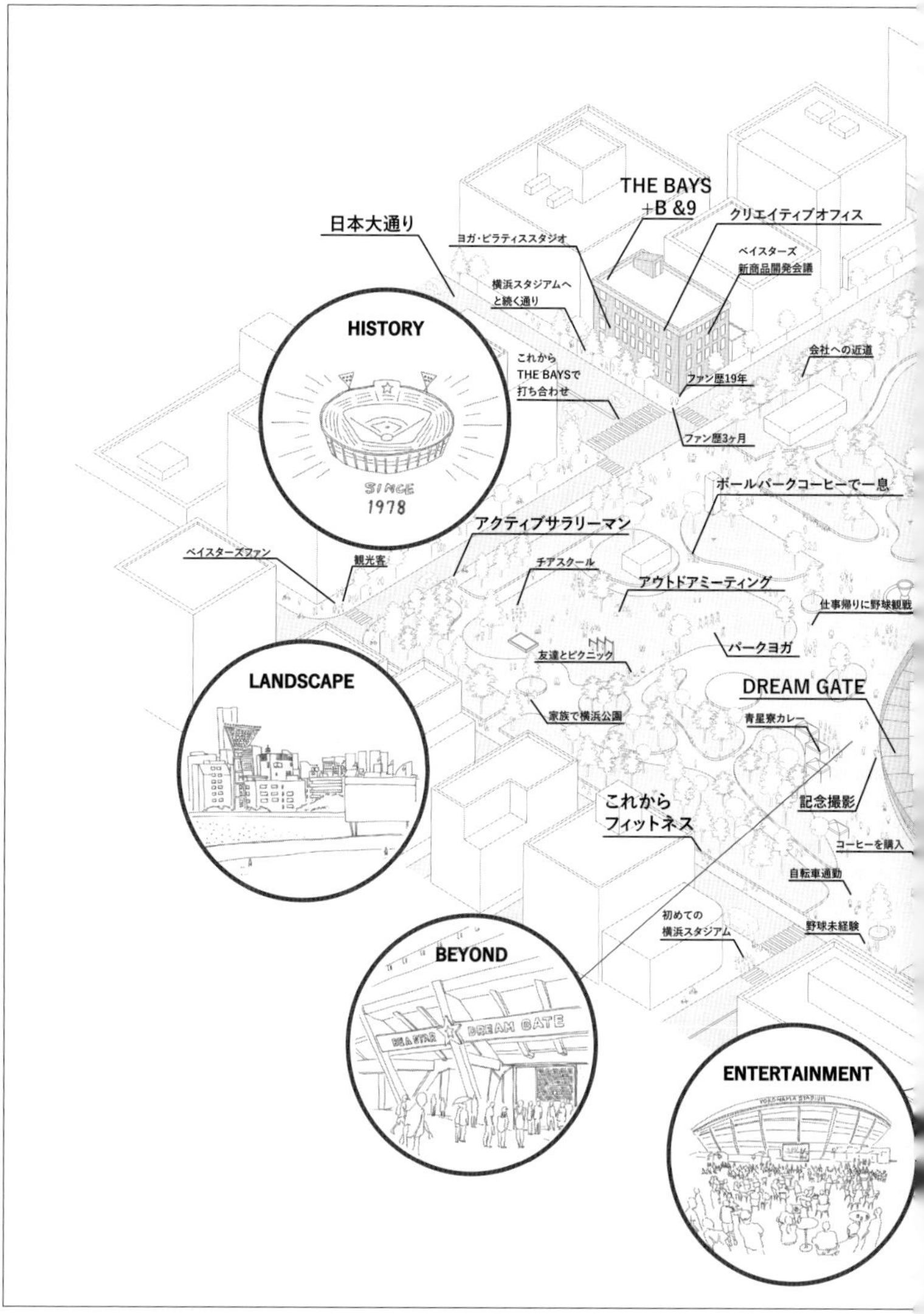

図2-5-6　コミュニティボールパーク化構想のイメージ　野球になぞらえて9つに設定されたさまざまな視点から、横浜公園と横浜スタジアムの一体的な活用にむけた提案や実験的な取り組みを展開している

ケーススタディ⑥
やんばるの庇森（沖縄やんばるロハスプロジェクト）

ホームを複数もつ生き方

人口減少といわれる中で、さまざまな波及が建築業界にも来ているが、そのひとつが地方の過疎化や、家あまり土地あまりの状況だ。人口増加時代に建ててしまった建築の数よりユーザー数が少なくなると、必然的にひとりが複数の建築や土地を使用しない限りバランスはとれない。これをポジティブに捉え、ひとりが使える場所を複数もつことで、地域や土地柄からのインプットを増やしたり、コミュニティを複数もつことを推奨するセカンドハウスや二地域居住が増え始めている。僕のまわりでも、「石巻2・0」の復興まちづくりプロジェクトにコアメンバーとして関わっている事務所スタッフ3名が、石巻と横浜の双方に居住しながら働いている（そのうちのひとりは独立してからも変わらず石巻と横浜の2拠点で生活している）。故郷で子育てをしたり、まちづくりをサポートしたりすることを視野に、少しずつ横浜と故郷を往復する生活を始めたスタッフもいる。僕も年に数回石巻に行っていると、あるタイミングから、石巻に行くという表現より、石巻に戻ってきたという感覚に変化していることに気づいた。家というものがひとつだという感覚が徐々に薄まっていき（住民票や免許証の住所欄に書くアドレスはひとつなのだが＝それは制度上のものでし

図2-6-1　やんばるの豊かな自然

かなく）、ホーム的な意味で自分が帰属する場所が複数ある意識をもち始めている。この行く感覚ではなく、帰る感覚で捉えるホームを複数もつ生活は案外悪くない。季節や時期に応じて使い分けることもできるし（魚が美味しい、紅葉がきれいなど）、何より、その地域に居場所や学びがあると、そこでの居心地の良さや自分なりの気づきが起因し、リピートにつながってゆく。観光では出合えないものも、その地の暮らしに直接触れることで、その地域特有の環境や歴史や風土を理解することができ、地域ならではの感覚をもてるようになる。

暮らすゲストハウス

「やんばるの庇森《ひさしもり》」は、沖縄県の本島北部の〈やんばる〉と呼ばれる地域に、この土地固有の自然を体感できるゲストハウスをつくるプロジェクトである。沖縄を訪れる観光客の数は、数年前から伸びており、リピーターが全体の過半を占めることでも有名だ。プロジェクトの敷地がある〈やんばる〉は、亜熱帯の気候と、山間の木々、マングローブの森といった独自の生態系が形成されており、2018年には世界遺産登録を目指している自然豊かな地である。「やんばるの庇森」のオーナーは、長らく那覇市を生活の拠点にしていたが、10年ほど前に〈やんばる〉エリアにも拠点を構え、暮らしながらこの土地の風土や自然の恵みを得てきた。しばらくはオーナーの週末住宅のように使ってきたが、ここでの暮らしを広めたいという思いをきっかけに住宅の一部をゲストハウスとして活用し始めた。すると、各地から来た宿泊者には、〈やんばる〉の自然豊かな食事や体験がとても新鮮に映るようで、リピーターが増えた。そこで、宿泊者が〈やんばる〉の自然を体感できる森の玄関口となるような場所にしようと、ゲストハウスの増築計画が始まった。僕たちは、この地の豊かな自然と沖縄固有の風土や文化を読み直すところから、新しい宿泊のあり方を探ることとなった。

沖縄の歴史と建築の接点

沖縄の民家の特徴は、赤瓦の木造平屋住宅である。白い漆喰と赤瓦屋根の集落風景は、きれいな海とともに沖縄を連想させる伝統的な風景となっている。ただ沖縄に米軍の基地が配された頃から

図2-6-2　アマハジ（雨端）　沖縄の民家に見られる深い庇のことで、壁から約一間せり出した屋根に覆われた場所は、子供たちの遊び場所にもなり、雨の日の作業場所でもある魅力的な空間

は、台風被害を防ぐために、コンクリートによる庇のないキューブ状の住宅が浸透した（今では沖縄全土で木造民家を建てることができる職人は数えるほどしかいなくなったそうだ。強い日差しから島民を守ってくれる深い庇や、防風と厄よけの役目をなしてきた石積みの風景もまた、民家が消えるとともに数を減らし、今では貴重な存在となってしまった）。アマハジ（雨端＝深い庇）は、民家（母屋）の、おもに南面・東面の軒に差し出した庇、またはその下の空間部分をいう。アマハジは、屋根を支える雨端柱と呼ばれる自然木の独立した柱を境に、内部空間と外部空間とが交流する中間領域をつくり出し、玄関をもたない沖縄の民家においては、外来者との接客の場でもある。横なぐりの風雨を防ぎ、直射日光を遮るために効果的なアマハジの下の縁側は、まちに開かれた人

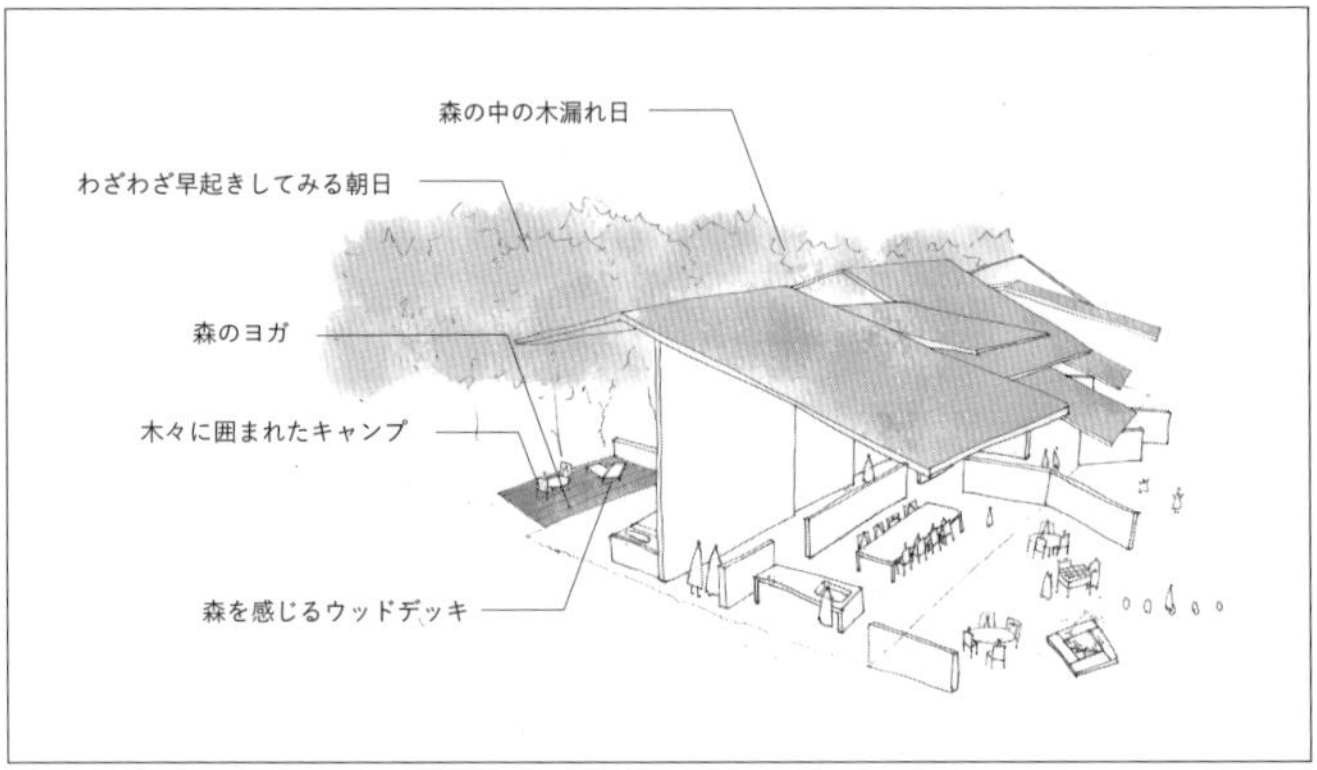

図 2-6-3　アマハジ（雨端）の再解釈イメージ　高さの異なる連続した軒下で、自然を取り込んだ時間を過ごす

びとの居場所になっている。魔除けや隣地との境界としてつくられ、風の動きをコントロールし、風通しを良くする効果があるヒンプン（石積み塀）とともにつくられる外観風景はとても印象的だ。私たちは、アマハジとヒンプンという沖縄特有のエレメントに注目した。

敷地には、もともとグランピングサイトや馬の飼育場所、海の見えるガゼボ（西洋風あずまやのこと）が建っており、来訪者が外部空間を一通りぐるっと歩くことで自然の多様さに触れることができる。その中で、今回計画するゲストハウスは、森に面した位置に増築することになった。ゲストハウスには森とのつながりをどう建築を通して具現化するかが求められていた。僕たちは、気候や時間により、近隣の森が移ろいながら表情を変えていくことを楽しめる、アマハジ的な中間

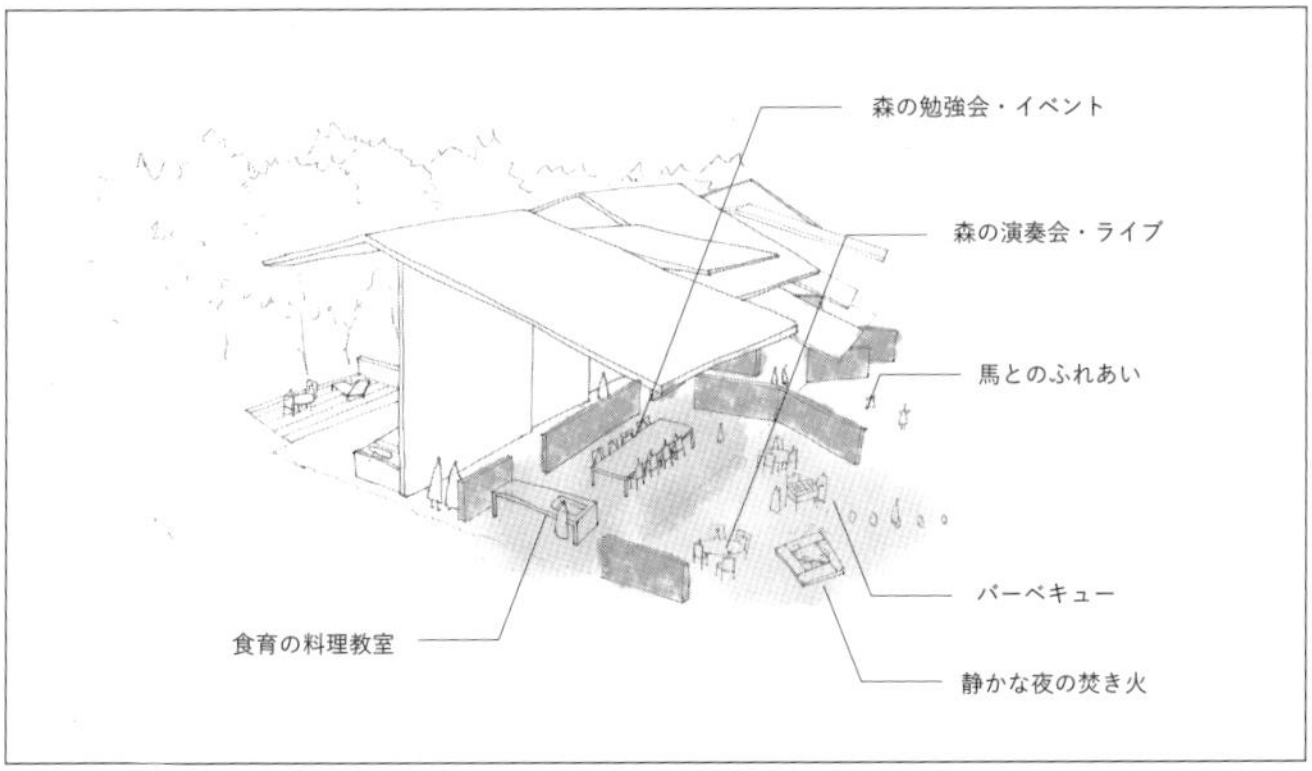

図 2-6-4　ヒンプンの解釈イメージ　居場所の拠り所となる塀により、多彩なアクティビティが共存する

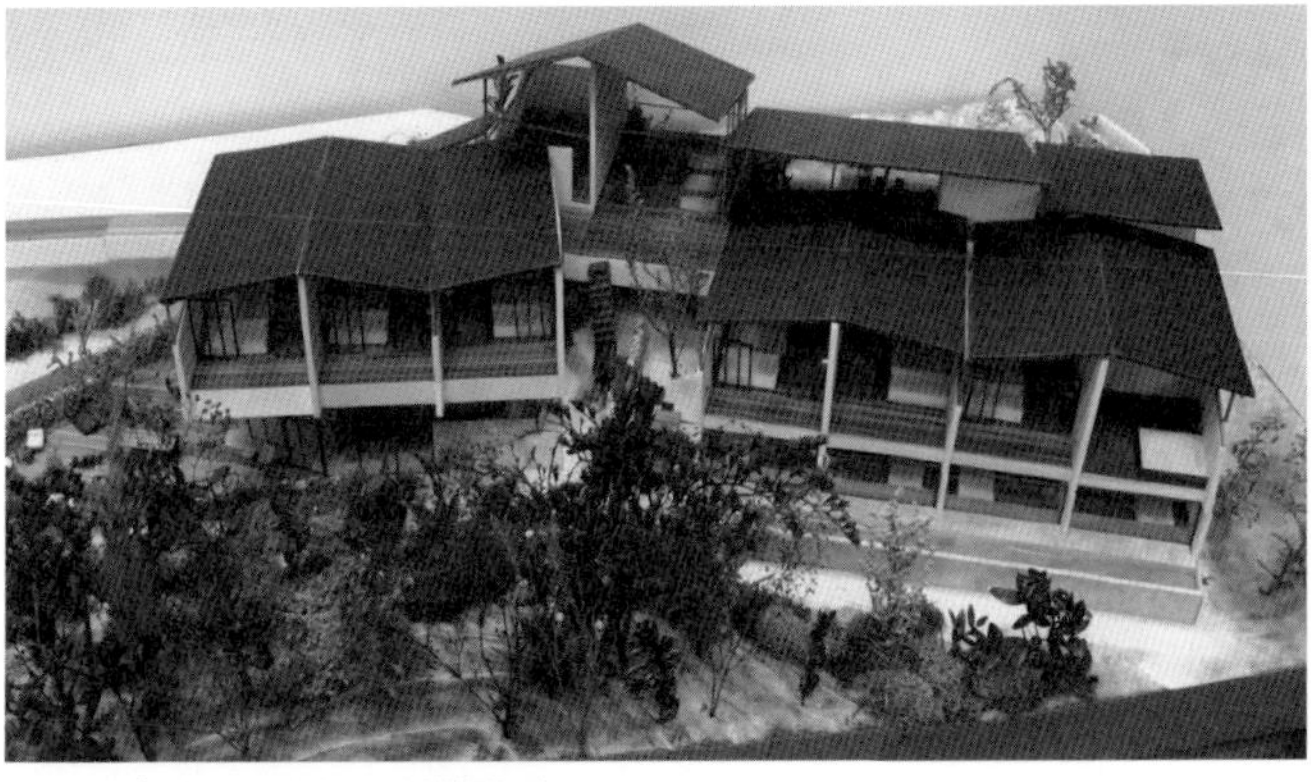

図 2-6-5 「やんばるの庇森」の全景模型写真

領域が主体となっているのが良いと考えた。

まず、宿泊者の個室を森側に2層で計画する。森と個室は深い軒がつなぎ、来訪者はプライベートな森空間を存分に楽しむことができる。一方、フィールドに対しては、〈やんばる〉の暮らしを体験できるシェアキッチンや食堂や多目的スペースを配置する。森のエッジに沿うように、部屋が少し角度をつけて連続していく平面形状に合わせて、屋根をいくつかに分割して架けていた。そのため、軒の高さを少しずらしながら全体を形づくっており、多様な軒下空間が生まれている。外部、軒下、内部空間での体験が、もっと連続的に結びつくよう、ヒンプンを参考にした塀をガイドラインとして、動線計画や用途分節を試みた。大きな軒下が人びとの集まりを受け入れ、居場所の拠り所となる塀によって多様な活動が共存する。地元の人たちはアマハジの下で日常生活を行うことで自然を肌で感じる日々を過ごしている。ここでは、リゾートホテルをつくる意識ではなく、〈やんばる〉の森の自然と暮らすと捉えた方が実にしっくりとくることに気づかされた。

森に日常がある豊かさ

以前、知人の建築家と一緒にリゾートに行った時に驚くべき光景を目にした。その建築家は真っ白な浜辺のビーチベッドでくつろぎながら、持参したタブレットPCでDVDを見ていたのだ!!「ここまで来て、何をしているんですか?」と驚いて尋ねると、「いや、家の中でやって楽しいことは、外に来てやっても楽しいよ」と返答があった。これまで僕は、リゾートに来たらリゾートらしく非日常を楽しむべきだという固定観念に縛られていたことに気づかされた。確かに、料理好きの人は、海に入るより地元の素材で料理した方が楽しいし、ゲーム好きの人は自然の中でゲームをしたら普段と気分が変わって新鮮な気持ちになる。リゾートにふさわしいか、そうではないかは人それぞれで、日常の要素をそのままもち出すと、もっと自然を自分に近づける作用があると考えるようになった。この〈やんばる〉の森にもち込むものは、何でもいいはずで、それを受け止める場所は、日常の延長で使えるようなものを考えた方がよいと気づいた。サービスを受けるばかりでなく、自分の家の延長で使えるサードプレイス的な場所としての提案をした。

森に広がるアマハジの下には、料理ができるシェアキッチンも、仕事をもち込めるワークスペースも、昼寝ができるハンモックスペースもあり、風を感じたり、緑の移ろいを感じながら、その地にあるものを食べ、その地にあるものでできた衣服や寝具などに身を委ねる生活ができる。なにより、この地で暮らしているオーナーから、風土や季節を取り込んだ生活の豊かさを教わりながらの滞在は、〈やんばる〉の自然をもっと身近で日常の延長に位置付けることができる。これはリゾートというより、小さな集落のように複数の人が同時に暮らしている生活拠点を設計している感覚だ。宿泊施設の設計という枠を外し、もともとコモンズである森に開いた生活空間をつくり、森で過ごす時間と建築とランドスケープをいかに一体化できるかを考えている。

ケーススタディ⑦
unico ～川崎の創造複合拠点～

身体的に場を使う

アメリカのオレゴン州ポートランドは、今や〈DIYの聖地〉と呼ばれるように、暮らしの環境を自らの手で好きなようにつくるという姿勢が日常生活に浸透している。例えば、建具一枚から身の回りのありとあらゆるものまで、個人個人の暮らし方や生き方に合わせて選ばれ、それらが周囲の環境を創出している。

そしてそれらは、一度つくって終わりというものではなく、使い続けていく中で都度アップデートさせ、その瞬間の心地良さや使い勝手の良さに合わせてサイクルさせていく。このような使い手の生き方が垣間見える身体的なアプローチは、ある場所を持続的に使い続けていくための使い手の意志のあらわれだ。

元工場の空き空間

「unico」は、川崎市日進町にある16年間廃墟のままになっていた築54年の元食品包材工場を、複合をテーマに改修したプロジェクトである。

図2-7-1　全体模型写真　左から元倉庫を改修したバスケットコート（unicourt）、元工場を改修したunicoA・unicoB

日進町は、川崎の中でも１９６０年代から町工場が建ち並ぶ地域で、駅前から見ると町のはずれにある。時代の変化とともに工業地帯は衰退し、駅から徒歩10分という距離でありながら、駅までの通過動線は通り過ぎるのみで、人びとが集えるような居場所も少ない。

オーナーは、「かつては都市と共存し常に開かれていた生産の場を、できる限り既存部分を残しながら、新たに何ができるのか実験してみたい」と強い思いをもたれていた。建物への愛情と未来に向かって実験していきたいという前向きな姿勢に、私たちは強く賛同し、このプロジェクトに参加した。

複数の機能が集合する複合施設というビルディングタイプにおいて、単に機能の集合としてだけではなく、複合による多様性をどこまで受け

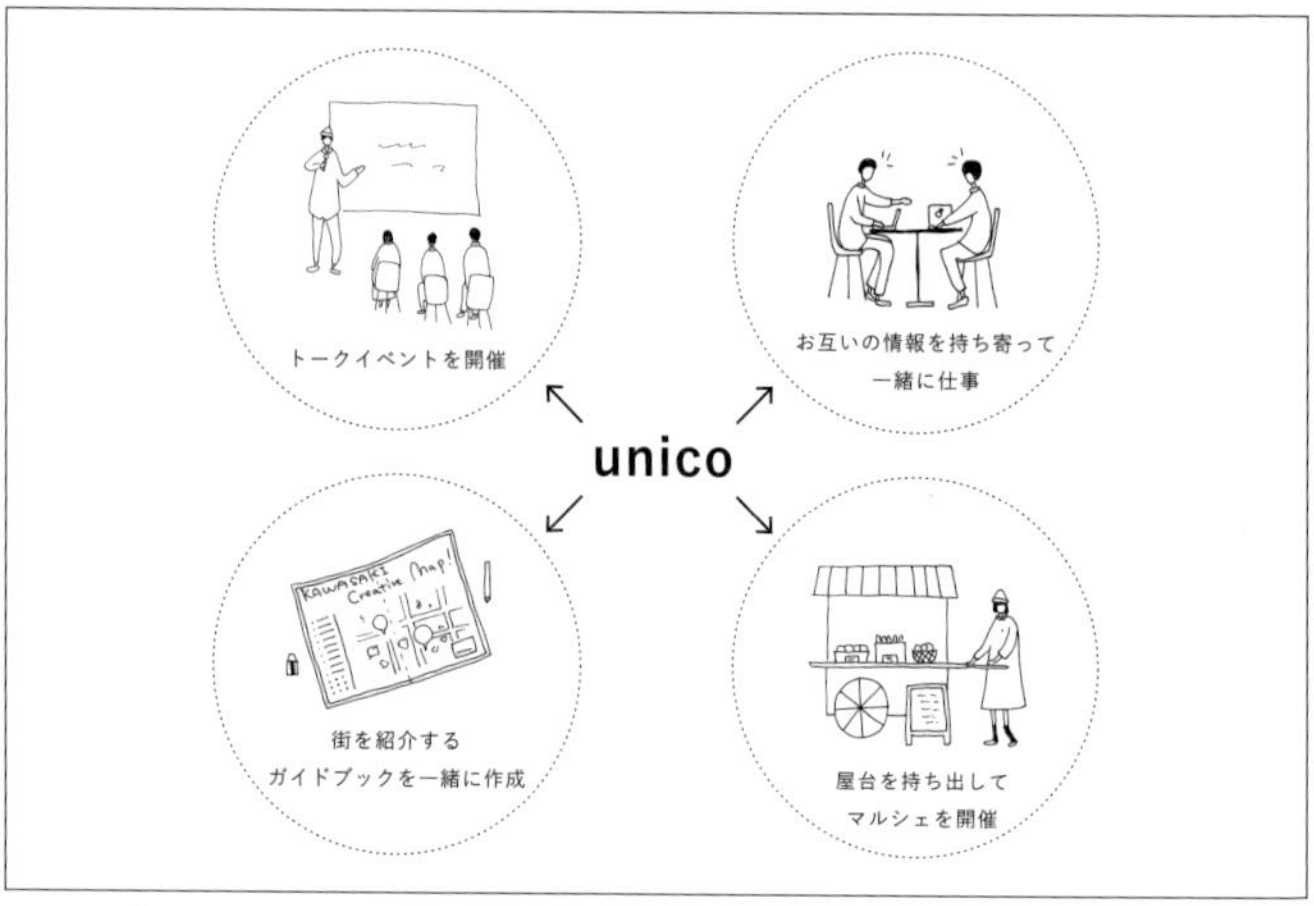

図 2-7-2 「unico」の活動がまちへと広がるイメージ

止めるのか、そしてその多様性を受け止める器を建築がどこまで用意できるのかについて考えるプロジェクトとなった。建築の設計において、通常は躯体と内装を一緒にデザインしていくことになるが、「unico」の場合は、それまで生産の場であった跡が残る既存躯体に対し、それらは極力残したまま、新しく入居する人たちの創作や活動の環境を身近なところから設えていく設計を意識した。

空白にアクティビティを集める

生産の場でもあり工場でもあった1階は、天井高があり、何でも受け入れてくれる寛容な空間という印象があった。シャッターを開けると、都市とダイレクトにつながる近さを感じつつも、前面道路の交通量が道幅に対し多かったこともあり、

図2-7-3　外部とダイレクトにつながる1階共有部

都市での体験を内側に引き込むように、1階は都市の一部として計画することを考えた。

都市とダイレクトにつながる1階には、自分の好みの木工を製作できるｆａｂ工房や、ビール醸造所、カフェスタンドやコインランドリー、バスケットコートや、中庭を配置し、2階には、卓球バーや整骨院といった複合的なテナントが入居した。3・4階には、スタートアップの事業者やアーティストに向けたスモールオフィスや、コワーキングスペースを計画することで、多種多様な業種の個性が互いに刺激し合うようなフロアとなった。

主体的に場を創出する

僕たちは、設計のスタート時点から、1階に入ることが決まっていたｆａｂ工房の秋吉浩気《こうき》さ

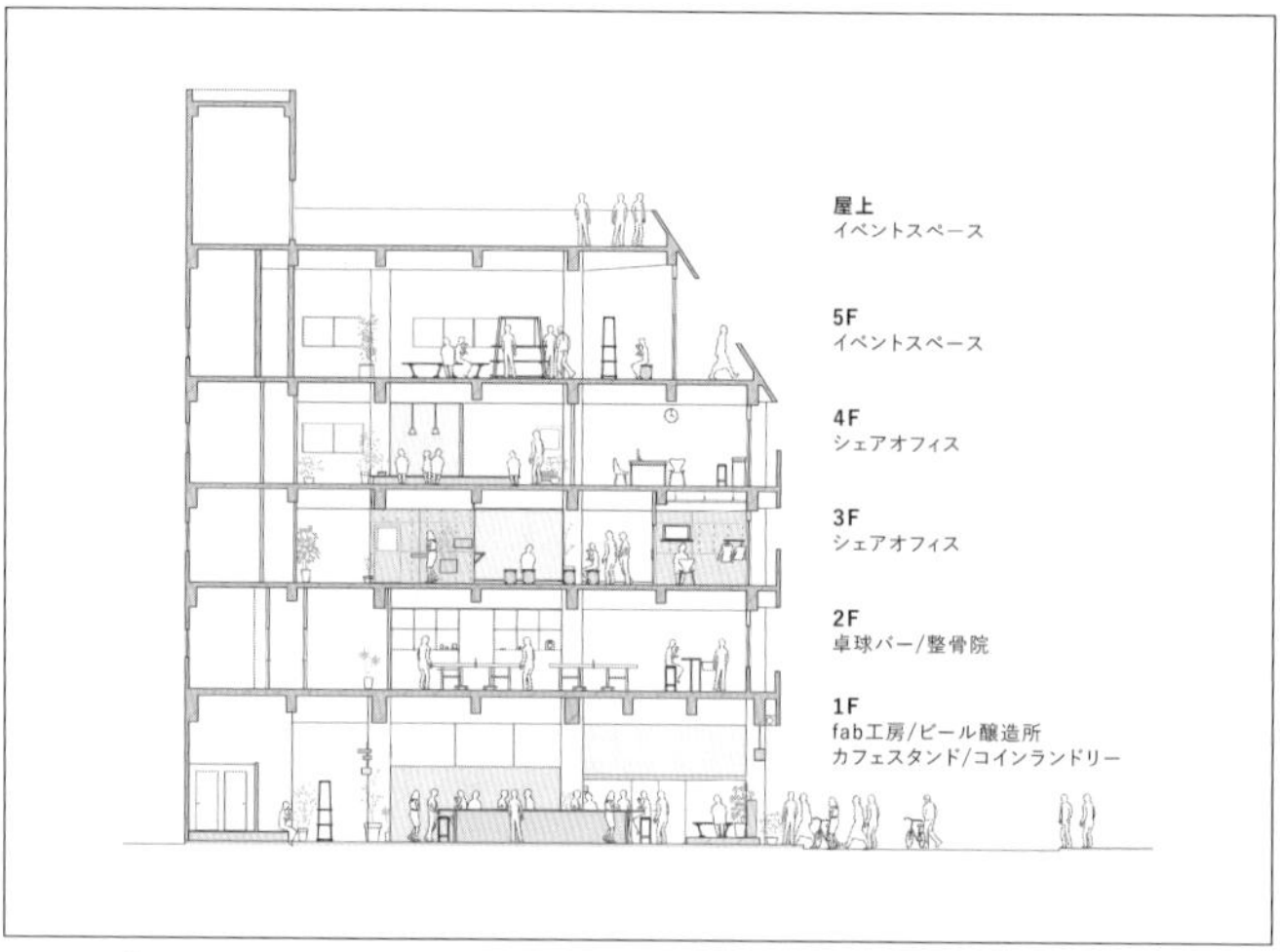

図 2-7-4 「unico」の断面スケッチ　多種多様なテナントが入居している

んとチームを組んで設計を進めた。

ｆａｂ工房でつくる家具などの部材寸法は、大型のshopbot[注1]という機械で切り出せるスケールをアジャストし、扉やカウンターや界壁など、家具と建築の境をなるべくなくした空間の創出を考えた。shopbotを使えば、後からいくらでもカスタマイズ可能なのである。

僕たちは設計しながら、使い手がどのような表現や活動を展開できるのかをひたすら現場で考えていた。設計行為そのものが、今後この空間に関わるテナントそれぞれの個性を可能な限り最大限に引き上げ、使い手となる入居者や近所の人にも、空間の創出に主体的に関わってもらうことを目指した。

図 2-7-5　3 階の設えは、fab 工房で製作された移動式家具等が並ぶ

図 2-7-6　4 階は既存を生かした空間に、fab 工房で製作した建具やサインが展開する

図 2-7-7　1階のオープンカウンターをきっかけに、近所の人や入居者が集う

持続的かつ発見的な共有部

オープン以降、外部とダイレクトにつながった1階は、入居者も近所の通りすがりの人も、自然とカウンターや中庭を介して集まっている。朝になると、近所の子連れのママ友が中庭で会話を楽しんでいたり、共有部に溢れ出したｆａｂ工房の作品や家具を近所の老夫婦が鑑賞したり、ベンチで佇んだりしている。ランチの時間には、入居者同士がカウンターに集まって一緒にミーティングをしながら食事をしている所に、近隣のオフィスで働く人も立ち寄る。そこでの過ごし方や出会いは、常に流動的かつ発見的で、多様性に満ちている。

元工場という、個人で扱うには大きすぎる建物に、〈工房〉という実験的で創造的な要素を加えてみた結果、入居者や近所に住む人の多様な個性がもち込まれ、〈都市と個々人の主体的な活動の場〉をつなぐ、創造的でイキイキとした場が育まれているのである。

1　刃物を数値制御で移動させて、デジタルデータで設定した形に加工する機械のこと。

ケーススタディ⑧
まちのような国際学生寮 –international share house–（神奈川大学新国際学生寮）

集まって住む

僕たちはさまざまな集合形式の中で生きている。学校や職場などのセカンドプレイスでは、継続的な関係を築く仲間とともに時間を過ごし、一息つくためのカフェや移動手段の通勤電車では、他人同士でも同じ空間を共有している。当たり前のように人がいる環境に身を置いているし、ましてや人がいない環境で生きていきたいとは到底思えない。たとえひとり暮らしでも部屋から一歩出たらまちが広がり人に出会う。きっかけがあればコミュニケーションが起こることもあるだろう。そう考えると〈まち〉もひとつの集合形式と捉えることができる。僕たちはずっと昔から集まって住んでいる。集まり方は時代とともに変わっていっても、〈個人〉がいて〈集合〉するという普遍的な習性は、同時に時代の価値観をあらわしているのではないかと考えた。そこで「集まって住む」ことから生まれる価値に目を向けてみることにした。

ここで紹介する「まちのような国際学生寮」は、国内外問わず多様なバックグラウンドをもつ学生が集まって住むことで、生活を通じた国際交流や文化学習を行う場である。グローバル化が進む中で、世界中から集まる学生の生活環境の基盤となる新しい寮づくりに取り組もうと、神奈川大学

図 2-8-1　横浜市の高台に計画中の国際学生寮　4層の建物で、1階は学生全員の共有スペースとし、2階〜4階を6つのユニットに分けた寮生の生活空間としている

とともに進めているプロジェクトだ。敷地は、神奈川大学の横浜キャンパスから徒歩5分程度の住宅地の中であり、眺望の良い高台にある。この寮には、学部や学年、男女も制限せずに、留学生と国内生が同数で、合わせて200人の学生が住む。留学生は、出身国も異なれば長期短期留学含めて入寮期間もさまざまだ。国内生は、語学や他国の文化に興味のある学生を募り、とくに語学力やコミュニケーションに長けた学生がレジデントアシスタントとして寮運営を牽引する役割を担う。学生自治によって寮運営を行うことで、主体性を育み、多様な文化への理解を深める学びの場となり、共同生活を通した交流それ自体が、学びの体験となることが期待されていた。

交流と一口に言っても、果たして空間を用意するだけで交流が始まるものなのだろうか。交流と

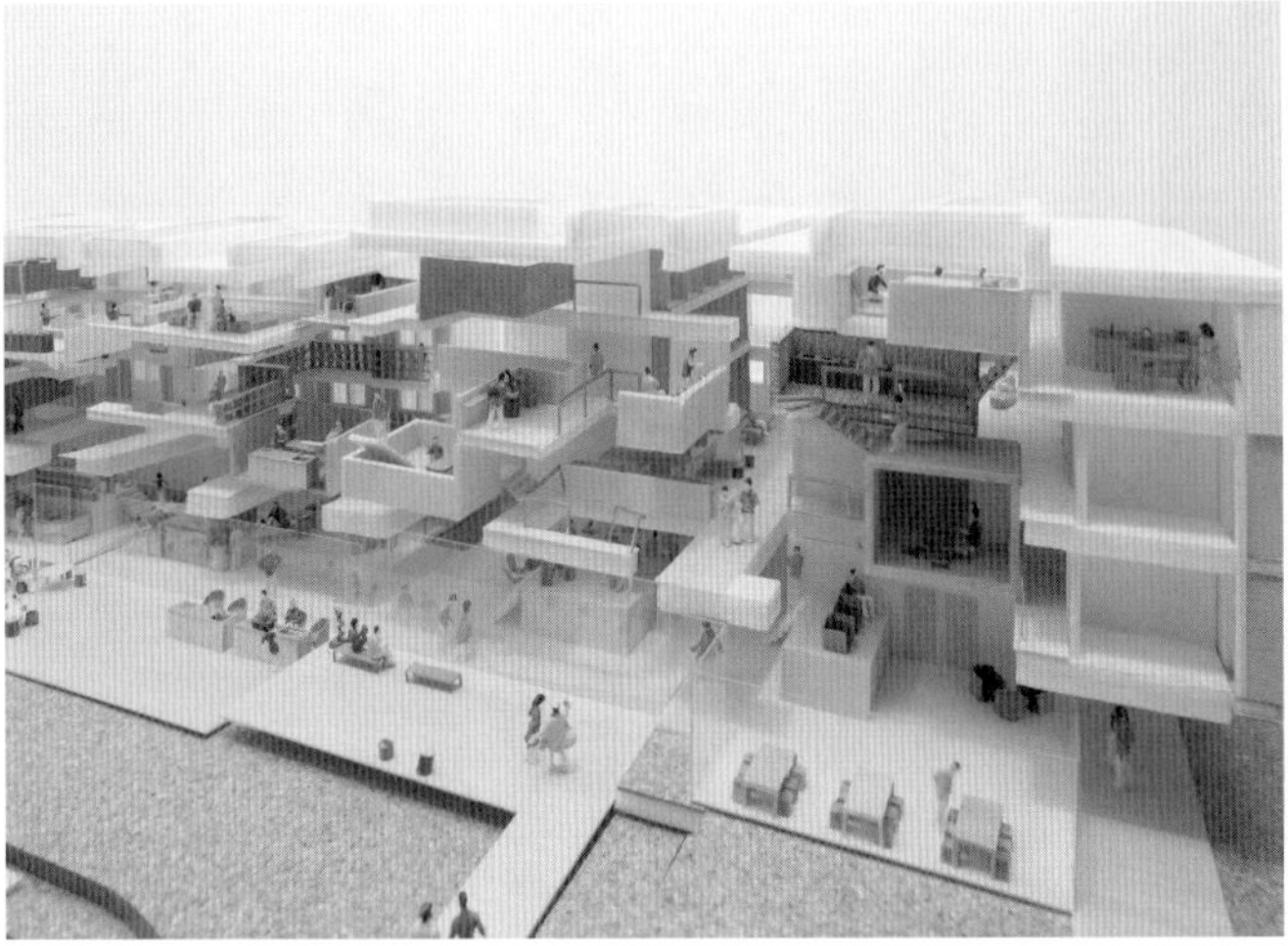

図 2-8-2　1 階から 4 階までの吹き抜けを介して、立体的な交流スペースが展開する

いうものが一時的なイベントではなく、日常的で持続可能なものとして定着してほしい。僕たちは、交流という見えないものに実現可能な構造を与えていくことから設計をスタートさせた。

交流を設計する

交流と聞くと、ついつい全体（ここでは200人という単位）から考えがちである。そんな時、まずは実感のもてるスケール（日常）から考えてみる。すれ違う時に挨拶を交わし、本の貸し借りをしたり、キッチンで顔を合わせれば一緒に食事をしたりする。そんな、〝私・僕〟と〝あなた〟という小さな関係の連続の先に、結果として200人が集まって住んでいるという多様な状況が生まれる。

だとしたら、一人ひとりが主体的に交流を生み

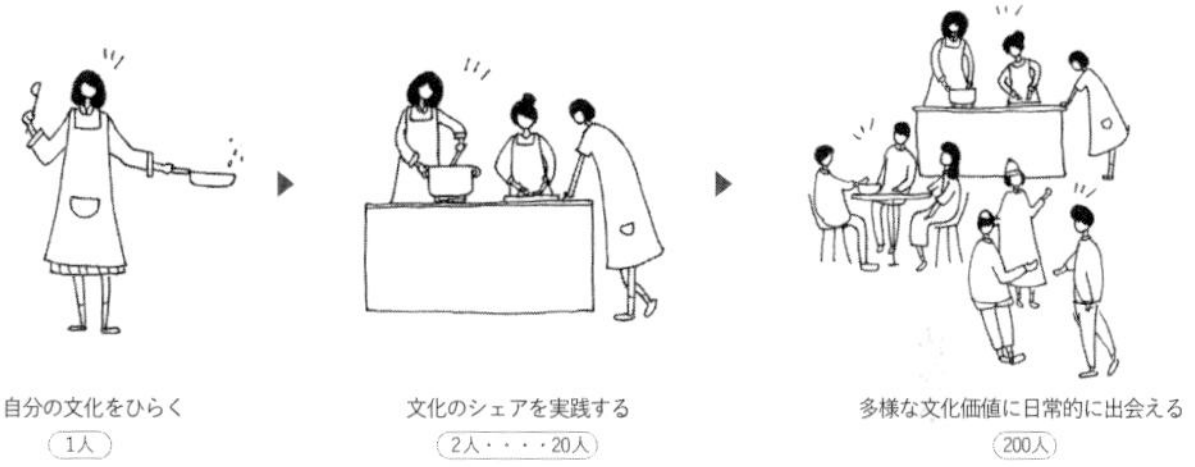

図 2-8-3　自分の特技や興味を開くことから段階的に広がる交流のイメージ

出す状況をつくり出せないだろうか。共同生活の中で自分自身の生活を少し開くことで会話が起こり、さらにほかの誰かを巻き込みコミュニケーションが生まれていく。それは、2~3人で気軽にお茶をすることから、10人くらいでイベントを実施したり、50人や200人で季節行事を行うまで、段階的で多様な規模の交流単位を仮定している。

区切るのではなく、つなぐ場のつくり方

交流のきっかけをつくるためには、常にどこかで人の気配や何かが起こっている期待を感じとれる環境をつくることが重要だと考えた。一般的な寮の事例をみてみると、フロアで区切られた形式が多い。その場合だと、同じフロア同士での交流か、寮生全員での交流かに偏ってしまうことが想

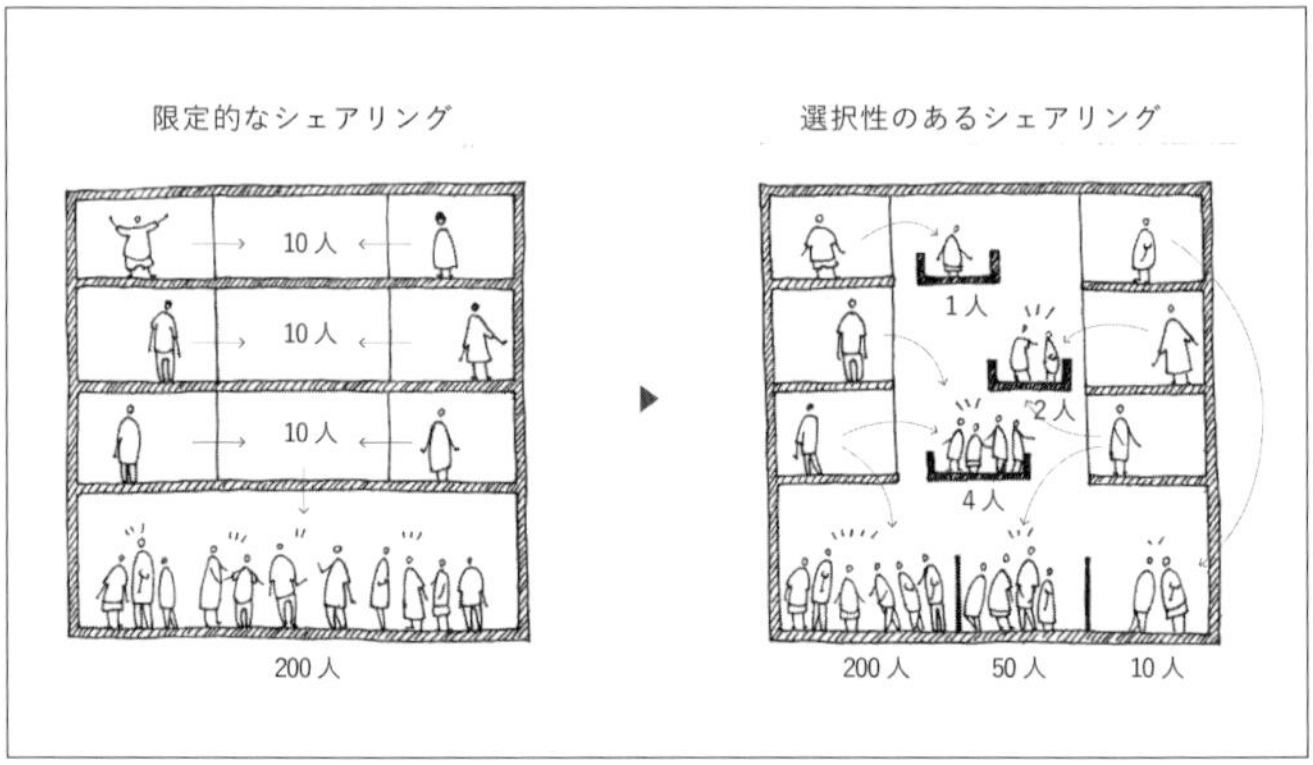

図 2-8-4　断面に着目することでフロアを横断した立体的な交流スペースのイメージ

定された。もっと自由に選択性のある交流空間を目指し、吹き抜け空間に、小さな交流スペースを点在させた。すると、フロアを超えた交流が実現し、集まる人数の幅も広がる。空間によって集まる人数が決められるのではなく、使い手が主体的に集まるフォーメーションを生み出していくことができる。私たちは、1階をリニアな平面形状を生かした寮生全員の共有スペース「リビングストリート」と計画し、そこから各ユニットへのアクセスとなる4階まで通じる階段を6つ（ユニットの数だけ）設けた。各ユニットは1階から4階までが吹き抜け空間となっており、吹き抜けに点在する小さな交流スペースを「ポット」と名付けた。「ポット」は、住宅のリビング程度の広さで、床と腰壁でつくられる。「ポット」は、寮居室から、キッチンや水回りへ行く日常動線上に配置されている

図2-8-5　1階のリビングストリート　リニアな平面形状にアクティビティのトリガーとなるよう、6つのユニットへアクセスする階段と合わせて、キッチンやワークスペースなどが点在している

図 2-8-6　断面模型　1 階から 4 階までの吹き抜けに「ポット」が点在する

ので、偶発的な出会いや発見を生む。そして吹き抜け空間に点在しているので、視覚的にもつながりが得られやすい。部屋というよりは、居場所と呼ぶにふさわしい「ポット」によって、人と人をつないでいくきっかけを用意している。

使い方の創造力を集める

点在している「ポット」は、一つひとつ大きさや形が異なる。提案段階では、畳の間、キッチン、スタディ、リビング、コーナーという5つのキャラクターを「ポット」にもたせた。使い手は、その都度、気分や目的でポットを選択し利用する。しかし設計を進める中で、初期案として決めた設計者の意図と、使う側の意図が相乗効果を生み出すことが重要なのではないかと考えるようになった。国や文化によって、くつろぐスタイルが違ったり、その日の気分で選択できるように、「ポット」にも個性があるべきで、設えや機能も違っていていいのではないかと考えた。そして、竣工後、その使われ方は、使い手側がどんどん更新していけるようであればなお良い。そのためには、ポットにほどよく余白を設計していく作業が必要となる。設計中、留学生を含む学生を巻き込み、ポットのアイデアワークショップを行った。新しい寮にどのような場所があればいいか、「こんなことしてみたい」ということを意見交換し、最後に、「じゃあこんなポットをつくろう！」というアイデアを学生たちにスケッチしてもらった。例えば、お気に入りの本を共用の棚に置いてシェアする

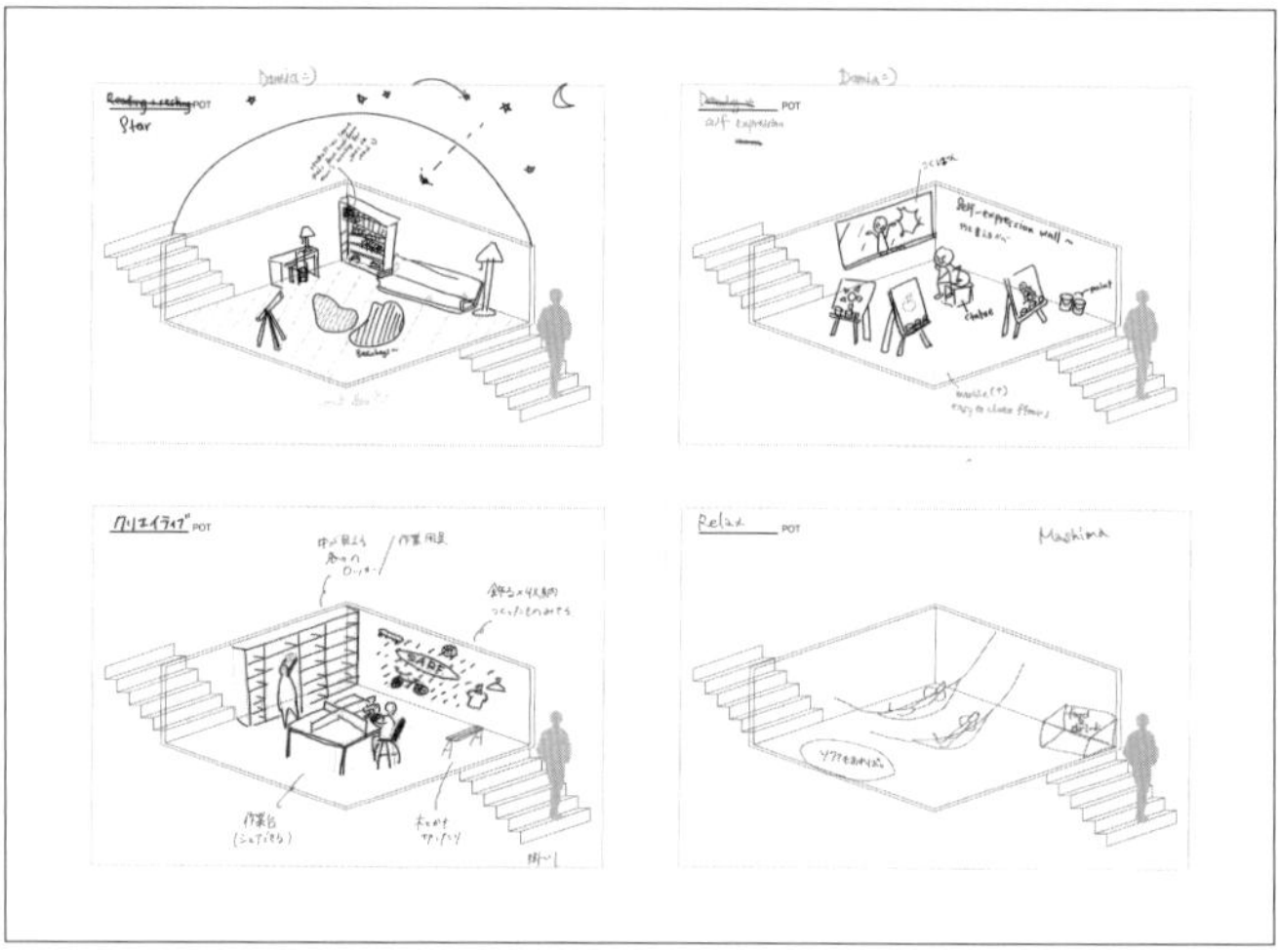

図 2-8-7　ポットのアイデアワークショップで学生から出た、ポットの使い方および空間イメージのイラスト

小さな図書館のようなブックポット。自分が滞在していたことを自由に壁に書いて記録する自己表現のアーカイブポット。ほかにも、クリエイティブポットやサンルームポット、リラックスポットなど、家具ひとつで実現することや、共同生活を楽しくするアイデアまで、ソフト面やハード面を横断したアイデアが集まった。今後実際に入寮して生活する中で、具体的な過ごし方や使い方を発見していくことで、魅力的なシェアスペースが育まれることを期待している。

シェアのアクティビティ

　ワークショップでの対話を通して、交流＝シェアスペースの用意というよりは、シェアのアクティビティの可能性に目を向けるようになった。建築で語られるシェアは、シェアハウスやシェア

図2-8-8　ワークショップでの議論のネタとして抽出した、交流空間でのアクティビティイメージのイラスト

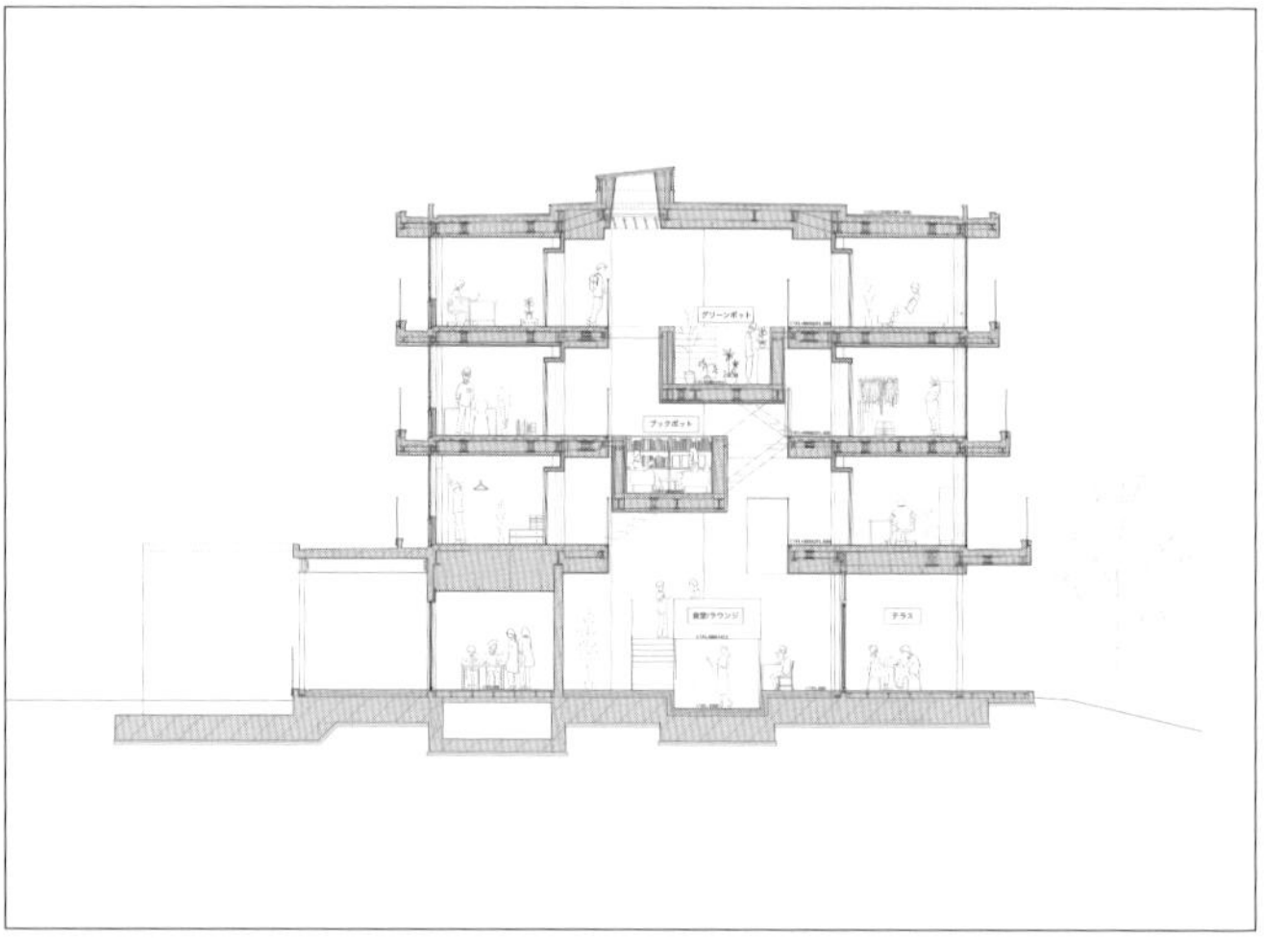

図 2-8-9　断面スケッチ　寮居室は建物外周部に効率よく配置し、中央の吹き抜け空間を交流空間としている

オフィスなどのような空間シェアが前提で語られることが圧倒的に多いように感じる。もう少し広く見渡してみると、カーシェアのような仕組みによる共有（所有）感覚や、SNSツールを用いて個人的な出来事をシェアする参加感覚など、シェアの概念は僕たちのふるまいを少し開放的な方向へと向けた。シェアは、空間のように目に見えるものだけにとどまらずに、人間のふるまいのような目に見えなくて変化し続けるものへも影響を与える。学生寮とは、学生が数カ月から数年、ある一定期間に住まうものである。入寮と卒寮を繰り返して常にメンバーが変化し続ける。例えば、前述のアーカイブポットでは、入寮中にメッセージを残したり郷土品を飾ったりするアーカイブ機能を設けることで、時間は共有していなくても、同じ建物に住んでいたという事実を

感じ取ることができる。そして、自分は後輩に何を残そうかと考えるきっかけになるかもしれない。

シェアにまつわる議論は多方面でされているが、この国際学生寮のように共同生活が前提となるシェアは楽しくて幸せなことだけではないのも事実だ。キッチンをシェアする時には、道具の収納場所や家電の使い方のマナーの共通認識も大切だし、冷蔵庫に放置された賞味期限切れの牛乳ひとつでトラブルになる可能性だってある。しかし、だからといって面倒くさいと背を向けてしまうのではなく、むしろコミュニケーションをとって、こんなふうに使っていこうと前向きに捉えられるかどうか。それが、主体的に生活を楽しむことにつながるのだと思う。ルールと聞くと「～してはダメ」と禁止用語を思い浮かべがちだけれど、「～してみよう」という背中を押すような思考で運営できると、シェアの可能性はもっと広がっていく。

個人の集合から考える人の集まる場

２００人というスケールも、ひとりという単位からアプローチしていくことで、身近で日常的な場で、なにより使い手のキャラクターが具体的になってきた。中国から工学系の研究分野で長期留学にきている日本語堪能な男子学生、フランスから日本の建築を学びにきている英語を話す女子学生、日本のアニメが大好きな短期留学生など、僕たちがワークショップで出会った一人ひとりのバックグラウンドは実に多種多様であった。学生寮というビルディングタイプの利用者は〈学生〉

と匿名で括られるけれど、向き合うのは個性をもった〈個人〉なのである。彼らが集まって住むことで起こる文化の違いに対する新たな発見が、ここでの価値になる。

建築を考えることは、人が集まる場を考えることでもある。なぜならば、建築はモノをつくると同時に、状況もつくってしまうからだ。いつ見ても同じ固定的で決まりきった状況ではなく、見るたびに発見や悦びに満ちた予測不可能さを肯定できたら良いと思う。言い換えれば、〝みんな〟という匿名で居られる場とは違う、〝僕たち〟一人ひとりの価値観や生活観など極めてプライベートなことをもち寄り発揮できる場であってほしいと願っている。

第３章　ケーススタディからの考察

8つのケーススタディを振り返って

オンデザインでは、現在約40のプロジェクトが動いている。その中からピックアップした8つのケーススタディを見ても、〈人が集まる環境をつくる〉ことにおいて、用途や規模、建てる・建てないも含めてその手法はさまざまだ。「まちのような国際学生寮」は、設計プロポーザルに応募して選ばれたプロジェクトなので、分かりやすく〝建てる〟ことが手段となる。一方で「みなまきラボ」は、エリア拠点そのものがあったところに〝建てない〟手段を選び、〈運営の設計〉を行っている。僕たちは、いずれも〈人が集まる環境をつくる〉という点で真にフラットに捉えていて、どちらも建築をつくるという意識をもって進めている。

本章では、たくさんのプロジェクトが同時に進行するオンデザインの状況を僕たち自身が客観的に捉えるために、それぞれのプロジェクトに取り組む際のアプローチを振り返ってみた。プレゼンをつくる時、伝えるためのリサーチ、人や地域の巻き込み方という3つのテーマで、オンデザインの設計手法をメソッド化してみた。

オンデザイン・メソッド

●テーマ1　プレゼンをつくる時の5ヵ条

ここでの〈プレゼン〉は、クライアントに最初に提案する時のことを指している。オンデザインでは、まずクライアントとの対話をベースとしたヒアリングを行い、そこから数週間、所内で議論を重ね（西田＋パートナーやスタッフ同士で）、プレゼン資料を積み上げていく。このアプローチは、住宅をはじめとした〝建てる〟設計に多くみられる。プレゼンの時は、図面のほかに、大きな模型とプレゼン本と呼んでいるコンセプトブックをセットにして挑むことが多い。そのようなプレゼンをつくるプロセスにフォーカスした5ヵ条を紹介する。

とにかく言語化する

プレゼンはアウトプットの成果で、そこに行き着くまでの議論や対話の集積を大切にしている。クライアントとの打ち合わせの記録やメモ、所内での議論の時にとったメモ、そして、自分自身でそれらを咀嚼したメモなどがプレゼンの材料になっていく。したがって、カタチをつくるのと同時にとにかくできる限り言語化していく。

方向づける

プレゼンは今後のプロジェクトの道標になるものだ。プレゼンをつくる時は、そのプロジェクトだからこそ果たせる価値のベクトルを明確にし、ゴールを設定している。

期待値を高める

プレゼンはクライアントへのプレゼントでもある。ワクワクしたり、新しさを感じたり、純粋に楽しい未来を想像できるものであってほしいと思って毎回作成している。

客観性をもつ

プレゼン案を考えていると、自問自答に陥ったり、視野が狭くなったり、閉塞感を感じる時がある。そんな時は、プレゼン案を一度プロジェクトスタッフ以外の人に聞いてもらうなど、外の風に当てて、違った角度から自分たちが目指すプロジェクトのゴールを客観視してもらう。人に聞いてもらうことで、考えていることが整理され、案の強度を上げる効果がある。

共感度を上げる

そこでの暮らしや活動を想像できるようなプレゼンが、新しい共感や対話を生む。クライアントの個性やプロジェクトの固有性を模型やスケッチなどのプレゼンテーションに表現していく。

●テーマ2　議論を加速させるリサーチ5ヵ条

オンデザインでは、他分野の人とチームをつくりプロジェクトを行うことや、○○×△△（例えばスポーツ×クリエイティブなど）という従来のジャンルを掛け合わせた新しいビルディングタイプを企画段階から入れるプロジェクトが増えている。新しい取り組みを具体性をもって進めるために、最初にまず類似施設や仕組みなど多様な角度から事例を徹底的にリサーチする。

発見、体験、ヒアリングという一次情報にこそ価値がある

インターネットや雑誌のリサーチで得られる情報も多いが、情報の質や密度は自らの体験や当事者からのヒアリングに勝るものはない。

要素（ポイント）を分解する

リサーチはあくまでもイメージや考えを伝える元になるもの。このリサーチでは何にフォーカスしているかなど重要なポイントを整理し導き出しておくと、一見違う規模や性質のものでも同じレベルで扱うことができるようになる。

クライアントの取り組みを知る

クライアントの既存の取り組みや背景をまずはしっかりとリサーチする。その上で、クライアントが自身の活動や日常の延長から将来イメージできることは何か、ワクワクすることは何かをさらにリサーチしていく。

分解した要素を自分たちの取り組みとつなげる

オンデザインの事例や協働者のプロジェクトと照合し、少々の拡大解釈も含めつつ、リサーチに反映している。それは、オンデザインと一緒に〈確実に〉実現できる範疇であることのメッセージでもある。

アウトプットを意識しながらリサーチする

先入観のない状態で全体的に俯瞰しながらリサーチするが、時にはアウトプットを意識した視点で、整理しながらリサーチをしていく。

●テーマ3　現場での地域／人の巻き込み方の5ヵ条

ここでは、〝建てる〟プロジェクトのみならず、〝建てない〟プロジェクト〈例えば、〈運営設計〉など〉に多く該当するアプローチを紹介する。オンデザインでは、ダイアグラムを描いて終わりではなく、その場に集まる人とのコミュニケーションから設計を行っていく。この5ヵ条は、ワークショップやヒアリングの際に生かしている。

いろいろなことに興味をもつ

人や地域とのコミュニケーション・コミュニティづくりなどのプロジェクトは、専門スキルが必要というよりは、多彩な専門性をもった多くの人と対話できるような〈知識と興味のアンテナ〉を意識することが大事だと考えている。

小さな揺らぎや変化を見逃さない

人や場所によってプロジェクトの進め方も変わるため、正解はない。ただ、どんなプロジェクトでもプロセスの中でプラスの方向に動きそうな変化をみせる時がある。そのきっかけは必ず来ると信じて、それをキャッチするアンテナを張っておくことで、次の展開につながるようになる。

地域／人が主体となる

プロジェクトを進める中で出会う地域の人に、「自分もそのプロジェクトの主体になれる！」と思ってもらえるかどうかがとても大切。地域の人がプロジェクトに参加できることで、そのプロジェクトが初めて動き出すような未完成な状態をあえてデザインする。

オープンにプラットフォーム化する

地域の人たちを巻き込むことの目的は、必ずしも一過性のイベントを成功させるためではない。地域の人の参加によってプロジェクトが動き出し、未来をつくっていくことにある。設計者側は、リーダーや、便利屋さんのように取り込まれることなく、その現場や地域の伝統や文化を尊重しながらも、あえて空気を読まずに自身の役割に徹すること。それが地域の人が集まる風通しのよいプラットフォームとなる。

現場に飛び込み、まずはやってみる

外野から意見を伝えるだけではなく、設計者側が現場に飛び込み何かアクションを起こすことが仲間を増やす近道だ。その時に、例えば「ヨコハマアパートメント」で〈流しソーメンイベント〉をやるような、非日常的な演出や、日常生活の延長に新たなオプションや違和感をつくると、その

空気を肌で感じた人がその先の未来をイメージしやすい。

改めてプロジェクトを俯瞰してみて

今オンデザインで動いているプロジェクトは、用途や規模も一括りにできなければ、建てる・建てないも含めて、その手法はさまざまである。月に一回、事務所のメンバー全員で行う事務所会議では、プロジェクトを一覧表にまとめて、概要や進捗・スケジュールを担当者が発表して共有している。

数年前までは、過半数が住宅プロジェクトだったこともあり、始動順にプロジェクトを表に整理しまとめていた。始動年が早い表の上部から徐々に進行していき、設計、現場、引き渡しと、全体の進行管理は住宅設計のスパンが短いこともあり全員がおおまかに把握できていた。年数が経つにつれて、住宅↓まちづくり↓運営↓集合住宅↓展覧会↓住宅……という具合に、各自の担当するプロジェクトの性質が目まぐるしく変化し、会議の場で発表されるプロジェクトを確認しても、事務所全体の進行はよく把握できず、テンポ良く進めたい会議に混乱が生じることとなった。

そこで、大雑把にプロジェクトの性質ごとに分類してまとめる方法を採用することにした。現在は、住宅／施設／計画／その他の、4つに分類している。ちなみにプロジェクト数の割合は、30／25／15くらいを保っている。

こんなふうに書くと、プロジェクトの性質は多様でも、分類して棲み分けされているように思われるだろうが、そんなことはなく、どれも地続きで、各プロジェクトから得る知恵は他のプロジェクトとも有機的につながっているような感覚なのである。住宅物件で得た知恵を、計画案件で発揮することもある。例えば、〈拠点をつくる〉と言っても、建物を設計するという手法もあれば、運営するという手法もある。

手法自体が目的ではないと考えているので、プロジェクトを取り巻く諸々の条件に照らし合わせ、これが最適解だと思う手法を反射的に選択している。その積み重ねが、今のオンデザインにも ち込まれている。

共有可能性をモノサシとしてもつ設計スタイル

では、なぜ〝いろいろ〟なプロジェクトが集まるのだろう。建築家の職能が広がったからだろうか？　多様性を重んじる社会状況がそうさせているのだろうか？　もちろん建築を取り巻く環境は変化しているのだろうが、実感するレベルとしてはまだ少しピンとこない。

クライアントの言葉を思い出すと、誰ひとりとして、オンデザインの〇〇（過去の作品）が好きなので、それと同じものを建ててくださいという依頼はない。住宅のクライアントは当社ホームページの〈works〉欄を見て、なんとなくピンときたと言う。ただ、その中のどの作品が良いというわけではなく、自分の家ならどうなるか楽しみですと言っていただく（そしてその住宅の竣工後、クライアントは皆口を揃えて自分の住宅が一番だ、と有り難い言葉をかけてくれる）。過去の作品を見て依頼があっても、同じテイストを求められることは皆無だ。オンデザイン＝〇〇という作品に共通する作家性に共感が集まるというよりも、対話の時間を含めたプロジェクトの楽しさに対する共感や、私的なことを共有し、それが空間化（＝実体化）されることへの価値に惹きつけられるのだと思う。

答えやゴールは、建築家側にあるのではなく、プロジェクトの中にあり、そこで見つけたワクワクする状況や価値をどれだけ創造するかによって提案を可能にすることができる。それは、現状を切り捨てて突拍子もないところから湧いて出てくるものでもなく、今ある状況の１・５歩くらい先の未来を豊かにするリアリティを呼び込めるものであってほしいと思っている。

おわりに

２０１７年、グッドデザイン賞の審査員として審査に参加した。審査を経て、デザインの価値を考える時代にきていると実感した。いわゆる供給側に立つ企業やデベロッパーや事業者は、デザインというものを、空間の格好良さを示す狭義の意味で捉えていると感じることがある。しかし審査会では、表層的な部分をいくら推されても、ほぼすべての提案のレベルが同じ水準にあり、そこにはまったく触手が動かないと実感した。ネットさえあれば世界中の情報が容易に取得できる現在では、洗練されたデザイン事例は、いくらでも誰にでも手に入る。つくる技術をもっているデザイン従事者であれば、その見た目を再現することはそう難しくない。言い換えると、いわゆるデザインのスタンダードがグッと上がり、建築を含むすべての業界で見た目の良さを実現することは最低限の技術になってきているのだ。そうなると審査でも、提案の射程を探るようになり、暮らしに変化を与えたり、社会の転換を加速させているかなど、表層ではなく、その効果や価値が議論の対象になり、デザインのもたらす意味が批評される。建築においても、人や暮らしと建築をいかにつなぎ、成熟した都市や社会の中で、次の一歩をどこに向けるかを考え意識しているものに、評価は集中した。

技術や構造や機能がそれだけで、人の暮らしを豊かにすることはなく、その釣り合いの芸術こそが建築であると、ブルーノ・タウトは80年前に書いた著作ですでに語っている。そこから年月が経ち、建築をつくる技術は、都市の成熟とともに高まってきている。

では、釣り合いの中身は、どうなってきているのか。設計とは、それを探る行為なのではないかと思う。設計は、「設《しつら》え計《はか》る」と書くが、「しつらえ」は、季節や人生の節目に感謝をもって室を整えることを意味する「しつらひ」からきており、「はかる」は、さまざまな事象を把握し、推量し、見当をつけるを意味する「はかり」からきている。合わせると、推量し、整えるという意味になる。複雑な現代社会の中では、ある側面から見ると、固定した技術と思われていることが、別の側から見ると、変わるべき対象に見えることが多々ある。常に、自分自身も、推し量る役、整える役だと意識していないと、ついつい自分が受けた教育や自分のキャリアや自分の周囲の影響に縛られ、意識が固まっていってしまう。

だからオンデザインでは、人と建築の観察を続けている。建築は時代を映す鏡で、人が集まる場は小さくとも現代社会そのものだからだ。大きな時代のうねりから推量するのではなく、目の前にある状況や人と建築の関係を見ている。その上で、まずはやってみる感覚を大事にしている。今誰かが、社会が、欲しているけどできていない理由を探る。できていない理由はさまざまだけど（お金が掛かる、法律に制限されている、時間が掛かるなど）、やってみると、意外にその理由や解決までの糸口は、平易なことが多い。

コンピュータのソフトウェアの開発手法で、〈ウォーターフォール型〉と、〈アジャイル型〉という2種類のプロセスがある。ウォーターフォール型は、あらかじめ区切られたすべての工程が適正化されている前提で、そのステップを踏んでいくやり方で、今までの建築設計はこれに近い。対してアジャイル型は、プロジェクトは変化するものという前提で、小さなステップでトライアンドエラーを含むサイクルを回し、小さい前進を繰り返すことで完成度を高めるやり方だ。

オンデザインの設計はこのアジャイル型を良しとしている。その場にいる人や、その場をつくる人、その場を使っていく人それぞれの思いや動きを推し量り、整えることで、有機的な状況をキープしながら、プロセスを常に変化させ、結果、場や環境や建築や都市が更新されていくことができれば良いと思う。

都市や社会が絶え間なく更新されていく中で、リアルに空間として現れる建築がもつ役割は大きい。何より実現した建築や環境が体験できることが価値になる。言葉でいくら説明しても理解できないことでも、空間を体験したり、その映像や写真を共有することで、あっという間に情報が拡散される。リアリティに勝る説得力はない。小さな小さなステップだったとしても、それが実現していくことで仲間が増え、アイデアが集まり、そこから思ってもみない展開になることが多い（特に他の分野との協働が多いまちづくりの分野では顕著だ）。また都市や社会の多様さや自由さは、この物質的なところと、非物質的なところの両方に存在する。だから本来、設計自体の価値を考える対話ももっとあっていいと思う。

まちづくりのように都市のコミュニティや更新の作法が設計の価値になることもあれば、コンペで勝って新しい公共のあり方を問う設計もある。オンデザインにいると、この設計自体の垣根はどんどんなくなり、図面を描くことも、模型をつくることも、地域を巻き込み拠点を立ち上げることも、まちづくりの計画を立てることも、すべて設計の範疇だ。

どこまでが仕事の枠なのかは、僕らが決めることでもなく、依頼され、期待されていることを、アジャイル的に実行し、見える形になるまで実現させていくと、そこで初めて自分たちがやっている設計が自分たちも理解できるという、かなり盲目的なアップデートを繰り返している。この本は、その過程で得た盲目的に前進することの楽しみ方と進め方の気づきを散文的にメモしたものの抜粋ともいえる。

いつからか、僕は聞く役=受け止める役をすることが多くなった。聞くことが多くなると、何を聞いたか忘れてしまうので、それを会話しながらメモする癖がついた。今では、話している速度とほぼ同じ速度でメモしながら頭の中で整理できるようになった。聞く力がアップすると対話力はあがる。だいたい10個くらいの話を聞いた際に、自分の頭の中で要点を整理し、そこの中にある共感できる3個くらいの話題に、自分の考えや視点を乗せてバックすると、その共感に対して、また新しい話題やアイデアが戻ってきて、それを整理し言語化し、再度視点を乗せてバックするというキャッチボールができると議論は立体的になっていく。そこでの対話がなければ生まれないであろう何かに自分が触れている実感があり、そこでの自分のメモを見返すと、自分自身の思考は日々進化していることが分かる。またそこで育まれるのは、つくる思考にとどまらず、生き方や働き方など、人の豊かさに関わる人間的な思考の幅もそうである。

自分の対話相手が多様であればあるほど、プロジェクトが実験的であればあるほど、自分にはない生き方や人の豊かさの価値の発見に触れる機会となる。それらを実行し、実現するプロセスは、常に前向きで生き生きとしている。（人工知能やＩＯＴの話題によく出てくるシンギュラリティ[注1]の時代においても、）この生きる楽しみを増幅する役割を建築が担えることは素晴らしいことで、他分野他業種にはない技術として、今まさに強く求められていると感じている。

1　Singularity　人工知能の発明が急激な技術の成長を引き起こし、人間文明に計り知れない変化をもたらすという仮説のこと。

あとがき

オンデザインの実験の観察

本を書くのは初めてではないし、日常的にプロジェクトについて解説することもあるが、今回の本の特徴は、作品集でもなく、建築家の集大成的な思想の本でもなく、ただ現時点で僕たちがプロジェクトを通して得た気づきやメモを膨らませたドキュメンテーションだったので、書いていて新鮮だった。（『オンデザインの実験』というタイトルを決めた時点で、作品紹介がメインになってはクライアントに対し失礼だと思い）僕自身、設計する時の視点や背景やオンデザインという環境のことを客観視することを心掛けながら取り組んだ。僕たちは、オープンでフラットな対話型の設計をしているので、客観的にプロジェクトの価値を議論することも多い。その客観視する対象を自分たち自身に定めると、文章を書くという作業は、現在のオンデザインを棚卸しするような感覚だった。そのためテーマやテキストで触れている視点は多岐に及び、専門性の解像度もバラバラだけど、どこか使っている言葉（事務所内の方言のようなものも多いが）や実験のアプローチには共通性が感じられる。本書に書かれている言葉は、僕自身のオリジナルというよりプロジェクトで協働したメンバーが発した言葉も多く、僕はそれを血肉としながら日常の設計を行っている（「人が発する言葉は、過去3日以内に聞いたことや話したことや見たものが8割を占める」と言われる。だからこそ日々の対話の密度や内容、そこから発するクリエイティビティや思想の強度が常に向上し、なるべく停滞せずに変化し続ける環境をつくりたいと思っている）。書くことで分かったことだが、僕たちにとっての設計対象は、建築物や都市にとどまらず、設計する環境やプロセスそのものにも及んでいる。タイトルとしているオンデザインの実験とは、その環境やプロセス全般のことである。建築は常に社会や暮らしと接しながら成長していく業界だ。２０００年以降人口減少や過疎化などで日本における建築業界の未来は縮退しているように語られることが多い。しかしそれは、成長の角度が変わってきているだけだ。僕たちはこの状況を楽しんでいるし、自分たち自身も成長していくチャンスだと思っている。

２０１６年イタリアのヴェネチアで開催された「第15回ヴェネチアビエンナーレ」の会場でお会いしたＴＯＴＯ出版の清水さんから今回の叢書の話を頂

き、約1年半をかけて、これまでの活動を振り返りつつ執筆を行った。これまでのＴＯＴＯ建築叢書シリーズの作家陣と比べると、若くかつ思想が未成熟な僕たちが伝えられることはわずかだと思う。ただ本書を手にとってくださった人は、なにかのきっかけでオンデザインのことを知っていたり、建築業界にいたり、デザインや都市やまちづくりなどに興味がある人だと思う。そんな近い距離にいる人に読んで頂くには、実験と括るしかない検証が不十分なテキストかもしれない。ただ意識したのは、建築やその延長にある都市を自分の生き方や豊かさを育む源として考え、設計する楽しさとは、自分たちの実感の延長上にあるという認識である。ぜひこれからも、同じ時代に生きる建築家やデザイナー、都市を楽しみ生きている人たちと、デザインの実感や暮らしの豊かさを対話し実験していきたい。

さいごに、この本の出版に際し、さまざまな角度から後押し頂いたＴＯＴＯ出版の清水さん、担当頂いた古川さん、上山さん。そして、オンデザインを客観視するために執筆編集を協働してくれた萬玉さんをはじめとするオンデザインのメンバーに感謝し結びとしたい。ありがとうございました。

クレジット一覧

●写真・図版提供
古里裕美　24ページ図1-5（上）
楠瀬友将　24ページ図1-5（上から2点目）
©鳥村鋼一　24ページ図1-5（下2点）、32ページ図1-7、35ページ図1-8、38ページ図1-9、43ページ図1-10（上）、55ページ図2-2-1、65ページ図2-2-6、78ページ図2-4-2、81ページ図2-4-4、図2-4-5、105ページ図2-7-1、107ページ図2-7-3、109ページ図2-7-5、図2-7-6、
©KOTA SUGAWARA　43ページ図1-10（下）
大谷宗平（ナカサアンドパートナーズ）　51ページ図2-1-6、図2-1-7、52ページ図2-1-8
NOGAN　71ページ図2-3-5、110ページ図2-7-7
STGK Inc.　72ページ図2-3-6
©YDB　86ページ図2-5-1、87ページ図2-5-2、88ページ図2-5-3、90ページ図2-5-4
オンデザイン　右記の写真・図版以外すべて

●参考図書
福岡伸一著『生物と無生物のあいだ』講談社現代新書、2007
リンダ・グラットン著／アンドリュー・スコット著／池村千秋訳『LIFE SHIFT（ライフ・シフト）』東洋経済新聞社、2016

●編集協力
南風舎

●オンデザイン

西田司

萬玉直子＊
佐治由美
岩崎修
一色ヒロタカ
小泉瑛一＊
神永侑子＊
大沢雄城＊
湯浅友絵＊
澤井紗耶加
大西康隆
棗田久美子＊
秋元俊介
近藤拓馬＊
梁井理恵
森詩央里＊
鈴江悠子
伊藤彩良＊
鶴田爽
櫻井彩
西田幸平
塩脇祥
吉川晃一
吉村梓
田中比呂夢
伊藤健吾
西澤正子
柏倉久美子
西田勝彦
（2017年12月時点）
＊は執筆担当

西田 司（にしだ・おさむ）

1976年神奈川県生まれ。1999年横浜国立大学卒業。同年、スピードスタジオ設立。2002年東京都立大学大学院助手（～2007年）。2004年オンデザインパートナーズ設立。首都大学東京研究員、横浜国立大学大学院Y-GSA助手、東北大学非常勤講師、The University of British Columbia（UBC）非常勤講師、東京大学非常勤講師を経て、現在、東京理科大学、日本大学大学院、京都造形芸術大学非常勤講師。大阪工業大学客員教授。オンデザインパートナーズ代表。石巻2.0理事。

主な作品に「ヨコハマアパートメント」（2009年）、「江ノ島ヨットハウス」（2013年）、「隠岐国学習センター」（2015年）、「コーポラティブガーデン」（2015年）がある。

著作に『建築を、ひらく』（学芸出版、2014年）、『おうちのハナシ、しませんか?』（エクスナレッジ、2014年）、『事例で読む建築計画』（彰国社、2015年、共同執筆）他。

日事連建築賞小規模建築部門優秀賞（2011年）、JIA新人賞（2012年）、グッドデザイン賞（ishinomaki2.0、2012年）、東京建築士会住宅建築賞（2013年）、神奈川建築コンクール優秀賞（2014年）他多数を受賞。

TOTO建築叢書 8
オンデザインの実験
人が集まる場の観察を続けて

2018年2月23日 初版第1刷発行

著 者 西田 司＋オンデザイン
発行者 加藤 徹
発行所 TOTO出版（TOTO株式会社）
〒107-0062 東京都港区南青山1-24-3 TOTO乃木坂ビル2F
［営業］TEL. 03-3402-7138 FAX. 03-3402-7187
［編集］TEL. 03-3497-1010
URL: https://jp.toto.com/publishing

印刷・製本 大日本印刷株式会社

Printed in Japan ISBN978-4-88706-367-9